AF190748

Modstandskamp

&

Landsforræderi

Af samme forfatter:

Kritik af magten (1984)
Det identiskes ophævelse i Adornos negative dialektik (2002)
Skiftespor (2005)
Lysglimt (2006)
Karl Kraus (2008)
Oplyst sport (2010)
Rundt om Aalborg Symfoniorkester (2011)
Teknologikritik i det 20. århundrede især (2013)
Hvad er et kunstmuseum i dag? (2015)
At tænke selv (2017)
Kulturarv og -gæld (2018)
Skyggesider (2019)

Poul Ferland

Modstandskamp

Landsforræderi

*Centrale ideer
under besættelsen 1940-45*

To essays

Modstandskamp &Landsforræderi
Centrale ideer under besættelsen 1940-45
To essays

© 2020 Poul Ferland

Omslag og sats: Ruddi Welzel &Hans Jørgen Lassen
Skrift: Palatino Linotype

Forlag: Books on Demand – København, Danmark
Fremstilling: Books on Demand – Norderstedt, Tyskland
Bogen er fremstillet efter on-Demand-proces

ISBN 978-87-430157-0-3

FSC
www.fsc.org

MIX
Papir fra ansvarlige kilder
Paper from responsible sources
FSC® C105338

Indhold

Om begrebet landsforræderi

Forord

Besættelsestiden er 75 år efter den tyske kapitulation vedblivende en forbløffende stærk politisk, social og moralsk referenceramme. Imidlertid beror paralleliseringerne mellem dengang og nu hyppigt mere på forestillinger fra det 21. århundrede end på noget nærmere kendskab til dilemmaer, debatter og ideer anno 1940'erne.

Men vælger man at sætte sig ind i datidens dilemmaer på dén tids egne præmisser, bliver man langt klogere på besættelsesårene og givetvis også overrasket over nogle af tidens problemstillinger. Det er dr.phil. Poul Ferlands lille bog et fint eksempel på. Den udnytter et hjørne af det kolossale og lettilgængelige materiale, der rummer de debatter og ideer, som groede frem i modstandsbevægelsen og dens undergrundspresse.

Det samlede illegale bladoplag nåede fra begyndelsen i efteråret 1941 til maj 1945 op på et ukendt sted mellem 20 og 30 millioner eksemplarer fordelt på 5-600 forskellige blade fra de store *Land og Folk* og *Frit Danmark* til *Ribe-Posten* eller *Bornholms Kurér*. Den geografiske spredning var kun én side af sagen, for hertil kom, at der blev udsendt blade til specifikke grupper som bønder og fiskere, og på indholdssiden var paletten farverig fra det borgerlige *De frie Danske* (det illegale *Ekstra Bladet*) til det kommunistiske *Nyt fra Sovjetunionen* med nyhedsstof fra TASS og artikler af Ilja Ehrenburg og Martin Andersen Nexø. Oven i alt dette blev der produceret illegale bøger, digte og sange. Det hele indgik i den kamp om opinionen, der var undergrundspressens operationsområde. Det handlede ikke så meget om udsendelse af ucensurerede nyheder, som det drejede sig om at påvirke hr. Hansen og fru Jensens holdninger til samarbejdspolitik, nazisme, besættelsesmagt og modstand.

Mens der i lande som Frankrig blev kørt på den store litterære og filosofiske klinge i fx undergrundsbladet *Combat*, hvor Albert Camus var en af redaktørerne, hedder det ofte, at der ikke var helt så højt til loftet i den danske undergrundspresse – eller var der? Det ved vi kun lidt om, for om undergrundspressen er der skrevet og forsket i relativt beskedent omfang i betragtning af det store og rige materiale.

Derfor er det kun positivt, at Poul Ferland i denne udgivelse ud fra filosofiske og idéhistoriske vinkler undersøger en række facetter af det illegale *Folk og Frihed*. Bladet med Martin A. Hansen blandt skribenterne bragte, som Ferland viser, Kaj Munks sidste prædiken og en stribe andre tekster, der forholdt sig til problemstillinger og aspekter af modstandskampen, som sjældent blev sat på dagsordenen i andre undergrundsblade.

Skribenterne i *Folk og Frihed* var optaget af at få de intellektuelle i tale. Mens almindelige danskere i bladets udlægning spontant gik til modstand ud fra en sund samvittighed, ville *Folk og Frihed* have den tvivlende, nationalt-borgerlige åndsarbejder i tale – præsten, akademikeren, højskolelæreren med humanistiske og protestantisk-baserede anfægtelser skulle overbevises om modstandens nødvendighed, om, at den var retfærdig, og at handling mod tyranni og uret var påkrævet. Her viser Poul Ferland, at *Folk og Frihed* ville løsne de bånd, religionen *kunne* siges at pålægge kristne – for hvad stillede protestanter op med det femte bud og med det lutherske påbud om at undlade oprør mod samfundsordenen? En stribe artikler søgte at legitimere modstand, også likvideringer. Her var ikke bare modstandens etiske legitimitet på dagsordenen, for skribenterne i *Folk og Frihed* understregede borgerens pligt til at modsætte sig nazismen, hvis ikke man ville øve vold på kristen funderet samvittighed. Budskabet var, at samfundsengagement, in casu modstand, var en del af kristendommen.

På en sådan baggrund kan den tids problemstillinger blive aktuelle. For når Ferland citerer en af *Folk og Frihed*-skribenterne for at skrive, at "det onde skal holdes nede med magt, selv om det går ud over tolerancens idyl," så er der tale om en problemstilling af en særlig karakter under besættelsen, som samtidig rummer et klart almengyldigt element – også for et demokrati i det 21. århundrede. Bogen viser tillige, at undergrundspressen stillede store krav, når den hævdede, at den kompromissøgende var meddelagtig i nazismens uret. Der blev i det hele taget brugt tunge fordringsfulde ord som sandhed, retfærdighed, ret og uret.

Målgruppen for *Folk og Frihed* var ikke modstandskampens frontfolk. Bladet forsøgte ikke at få de unge sabotører i tale og give dem et etisk fundament. Læser man sabotørernes erindringer, befandt de sig også fjernt fra moralsk-filosofiske diskussioner og opfattede mændene i Frihedsrådet som verdensfjerne professortyper hinsides det undertiden beskidte modstandsarbejde.

Den nationalt-kristne modstand, som *Folk og Frihed* tilhørte, måtte forholde sig til den store østlige allierede, Sovjetunionen, og de hjemlige kommunistiske modstandskammeraters ideologi. Hvad var forskellen på nazismen og kommunismen egentlig, og var der elementer fra kommunismen, efterkrigssamfundet kunne bruge? Det tager Ferland kort op og viser her åbenheden i dele af den borgerligt-kristne modstand i forhold til en ny samfundsorden, ligesom udgivelsens mindre del om landsforræderi-begrebet også inddrager *Folk og Frihed*.

I dag er der ikke mange, der kan forestille sig, at den modstandskamp, som forbindes med jernbanesprængninger, fabrikssabotager og likvideringer, også drejede sig om at distribuere politiske holdninger i en kamp om opinionen – eller om at retfærdiggøre modstandshandlinger i et protestantisk-kristent perspektiv.

Derfor er det frugtbart, at Poul Ferland med denne udgivelse tolker en del af undergrundspressen i idéhistoriske og filosofiske rammer.

Henrik Lundtofte

Kreditering

De to essays er blevet til, for *Modstandsideers* vedkommende, i marts-december 2019 og, for *Landsforræderibegrebets*, i august-december samme år som undersøgelsesprojekter ved *Sydvestjyske Museer*.

Jeg vil gerne takke Henrik Lundtofte, leder af *Historisk Samling fra Besættelsestiden* ved *Sydvestjyske Museer*, for ideerne til projekterne samt for værdifuld historiefaglig bistand, vejledning og kommentar til manus. Desuden tak til *Sydvestjyske Museer* for muligheden for og faciliteterne til gennemførelse af projekterne.

Ligeledes stor tak til min ven og kollega Ruddi Welzel, som også til gavnlig eftertanke har kommenteret manuskriptet.

Skriftets form og indhold skyldes selvsagt udelukkende undertegnede forfatter.

Esbjerg i marts 2020
Poul Ferland

Indledning

Modstandsideer. Tidsskriftet *Folk og Frihed*, hvis indhold af modstandsideer er hovedtema for denne bogs første og længste essay, blev udgivet af danske, der var modstandsfolk under *2. Verdenskrig,* i perioden november 1943-december 1945.[1] Indtil krigens afslutning var artiklerne anonymiserede.[2]

Dets redaktion henvendte sig til forfattere og andre skribenter, der på dens opfordring skrev kronikker, essays og andre artikler til bladet, som rigtignok altovervejende havde blikket rettet nøje imod den konkrete situation og problematik, den danske modstandsbevægelse stod i, men som også indeholdt overvejelser med relevans for mere almene livs- og verdensanskuelsesspørgsmål. Disse overvejelser hører til de idéhistorisk og filosofisk mest interessante i samtlige krigstidens danske, illegale blade.

Første nummer af *Folk og Frihed (FF)* udkom i november 1943, altså et par måneder efter samarbejdspolitikkens ophør 29. august samme år og stærkt inspireret af dette ophør og dets konsekvenser, og det fulgtes under besættelsen af yderligere 26 numre med ca. 14 dages mellemrum indtil 1. maj 1945. Endnu 13 numre indtil december 1945 fulgte efter befrielsen.[3]

Nærværende essay vil fortrinsvis have numrene fra besættelsestiden i fokus. I og med at okkupationen og undertrykkelsen var manifest udfordredes man nærmest uvægerligt til at gøre sig tanker om, hvori frihed og ret bestod.[4] Skønt de i *FF* fremsatte tanker ikke nødvendigvis peger i helt samme ideologiske, livs- og verdensanskuelsesmæssige retning, har de dog en høj grad af tankemæssig

13

homogenitet.

Men krigssituationens anspændthed befordrede på den anden side givetvis tillige visse ideer på bekostning af andre, fx handling[5], der i flere vægtige artikler gives en i situationen ret plausibel, forholdsvis stor betydning, hvilken set i et videre idéhistorisk og mere alment filosofisk perspektiv imidlertid ikke forekommer at yde refleksionen tilstrækkelig retfærdighed.

Bladets formål var, som redaktionen påpeger i det første nummer fra november '43, "på uddybende og vurderende måde at hjælpe til at oplyse folket i dets kamp mod nazismen".[6] Skriftets hovedformål kan tredeles i 1) afklaring af modstandens grundlag og formål, 2) legitimering af modstanden og 3) understregning af den folkelige modstands nødvendighed eller påkrævethed.

Artiklerne i bladet, der er anonyme eller publiceret under pseudonym – Martin A. Hansen er dog efter krigen identificeret som forfatter til en hel del af dem – blev skrevet "af kyndige og erfarne mænd fra alle samfundslag".[7] Bladet arbejdede ud fra "demokratiske, men ikke ud fra særpolitiske synspunkter", og det ønsker "i enhver stillingtagen ubetinget klarhed og konsekvens, idet det tager afstand fra alle former for kompromis, der er indgået for at undvige materiel eller legemlig overlast. Foruden at være en national frihedskamp er kampen mod nazismen en idékamp. Derfor gælder det ikke blot om at vinde friheden, men at vinde den på en sådan måde, at vi ikke svigter os selv. Er det således hævn, vi vil, ikke ret, da er vor kamp meningsløs" (nr. 1, 10.43).[8]

Når overvejelse og drøftelse af "folkets holdning" imidlertid ifølge redaktionen af FF ikke blev anset for overflødig, skyldtes det givetvis især, at modstandsviljen og modstanden imod nazismen indtil da ikke havde givet sig selv i Danmark i samme grad som i andre, mere udsatte og krigsplagede lande og derfor først måtte oparbejdes igennem "overvejelse og alvorligt arbejde med os selv" (1).

Det drejede sig for redaktionen om at nå ind til og handle på baggrund af samvittigheden. I *FF's* forståelse vil det sige *folkets* samvittighed: "Kun det folk, som i alle livets forhold følger sin samvittighed, ved, hvad frihed betyder" (1). En tilsvarende anskuelse citeres "Luther i Worms" for i tidsskriftets motto, der lyder: "Det er hverken rådeligt eller ufarligt at handle mod samvittigheden". At handle imod, forholde sig selvforstået neutralt til eller ignorere samvittigheden kan således få fatale og ødelæggende følger for mennesker og samfund, ifølge *FF* og Martin Luther (1483-1546) her. Og for *FF* fordrer samvittigheden modstand.

Essayet undersøger dette idéfundament nærmere. Dels med henblik på at afdække, hvad det bestod i, og hvad det dengang indebar, men også med henblik på, hvad det mere alment har at sige i dag.

FF fremsætter ikke et systematisk sammenhængende idégrundlag, dels i og med at artiklerne hver især behandler enkeltstående temaer som fx skolen, kirken, kommunisme, demokrati, ret, pressen og højskolen, og dels fordi artiklerne er af en kende divergerende observans. Dette essays primære forehavende er således forsøget på en rekonstruktion af *FF's* idégrundlag og dets væsentligere konsekvenser.

Andre danske, illegale blade inddrages i analysen, således *Frit Danmark* og *Kirkens Front* i kapitlerne 7 og 8, hovedsagelig til en sammenligning med *FF*.

Om begrebet landsforræderi. Den kortere artikel om begrebet landsforræderi har til hensigt igennem analyser af og refleksion over især lovtekster fra perioden omkring besættelsestiden dels idéhistorisk at afdække de dengang virksomme, men ikke nødvendigvis fuldt bevidste, juridiske og politiske begreber om landsforræderi, dels filosofisk at opstille et mere 'metafysisk'-historisk gyldigt begreb om landsforræderi, dvs. et begreb, der nok er historisk variabelt, men som dog samtidig kan siges at indeholde et ganske slidstærkt, universelt gyldigt moment.

Modstandsideer

i *Folk og Frihed* især
samt i andre illegale tidsskrifter
1940-45

Kapitel 1

Handlingen

De ukrænkelige cirkler

Denne artikel i nr. 23 af *FF* fra 15.1. 1945, som forfatteren, den læreruddannede Martin A. Hansen (1909-55), oprindelig anonymt har skrevet, opererer med en modstilling mellem to danske befolkningsgrupper uden personers navns nævnelse.

Den ene gruppe, der vel at mærke "naturligvis ikke har noget til overs for nazismen", kaldes "intellektuelle", "åndsaristokratiske naturer", "reserverede medborgere", "tilhørende det akademiske lag", "kunstnere og skribenter", "koldblodige og forfinede", "frivilligt isolerede", "uden for eller over det hele", "åndsmennesker", "forskere", "humanister", "(højtfortjente) æsteter", "bedrevidende", "skeptikere", "dannelsens ypperste", "intellektuel elite", "relativister" og "livsfortolkere, der ikke selv lever og oplever livet".

Dog hævdes ikke alle intellektuelle at tilhøre denne gruppe eller "type", som de kaldes i essayet: "I Frihedsfronten har der da også kun været få af denne type intellektuelle, men forholdsvis mange praktisk arbejdende intellektuelle, fx læger og præster. For disse har virkeligheden sikkert en helt anden krævende og katastrofal karakter, fordi de står over for de voldsomme realiteter, liv, død. De kan ikke nøjes med at se relativt og historisk på begivenhederne".

Den anden gruppe karakteriseres modsat den første som "det naivere menneske", "de kæmpende", "den enfoldige skare, der sætter liver ind, til den igen har sikret dig (dvs. den "intellektuelle"; *PF*) den frihed, uden hvilken dit åndsarbejde i længden er umuligt", "folket", "oprigtige og naivt ligefremme", de, der står i intimt forhold til "det egentlige". Gruppen kendetegnes endvidere ved "en vis naivisme, forenklet tro, håb, had, handlingsmystik" samt ved at befinde sig inden for og i forhold til "livsspændingen, det tunge etiske og måske religiøse valg, det store enten – eller", "det opgør, den nøgne virkelighed kræver".[9]

Det valg, som Hansen plæderer for, "det store enten – eller", er imidlertid knap nok noget reelt valg eller rettere, det er valget mellem rigtigt og forkert, sandt og falsk, det absolutte og det relative, mellem etisk eller religiøst godt på den ene side og på den anden noget "æstetisk" i en kierkegaardsk ånd.[10] Dette valgs angivelige tyngde består i, at det indebærer en betydelig fare for ens eget og andres liv, dersom man vælger 'det rette', modstanden. Og det "naive", ikke lærde eller intellektuelle folk står tydeligvis altovervejende på den rigtige side, mens det store flertal af "de intellektuelle", dvs. kunstnere og humaniora-lærde (humanisterne), med deres (alt for) store overblik blot betragter besættelsens begivenheder udefra med historisk indsigt – eksempler for denne forfatters egen regning kunne være en betragtning som 'al historisk erfaring viser, at efter krigen kommer freden igen et vice versa, og sådan vil det altid fortsætte med at være' eller 'mennesker og verden lader sig ikke ændre endsige forbedre væsentligt' – eller besættelsen betragtes som råstof for skrifter af skønlitterær karakter. Men de "intellektuelle" generelt står angiveligt uden det fordrede engagement i *den egentlige* tilværelse, idet de står udenfor som blotte "æstetikere", der ikke træffer det egentlige, etiske eller religiøse valg, men blot betragter begivenhedernes gang og følger passivt

19

med deres strøm, som de hverken har eller mener at kunne få nogen indflydelse på.

Imidlertid er Hansen ikke først og fremmest ude i noget polemisk ærinde. Han ønsker derimod "de intellektuelles" tilslutning, fordi der er brug for deres intellekt; han vil, at de skal træffe deres valg, der kun kunne få ét udfald, dersom de i en "egentlig" forstand vælger og ikke unddrager sig valget. Ikke at tilslutte sig modstandsbevægelsen – som han altså benævner *"Frihedsfronten"* – ikke at tilslutte sig kampen er i grunden at unddrage sig sit eksistentielle valg, må man formode. Hansen anfører som "det eneste argument, der vist batter noget mod æsteten, nemlig at han ved 'trofast at føre videre' sjusker sig fra det egentlige". Det, den intellektuelle angiveligt ofte agtede at "føre videre" var kulturens "kostbare arvegods" i en rent intellektuelt ført "kulturkamp".

Men "den intellektuelle" eller "æsteten" måtte altså nu træffe sit påkrævede valg: "Han forblev på det æstetiske plan og undgik det opgør, den nøgne virkelighed kræver. Gjorde han ret i det? Er og har kulturens stilling ikke været så kritisk, at den kræver enhvers medvirken i de simple, hårde opgaver? Måske æstetikeren smiler og siger: Hvad i alverden skulle jeg lave der? Og vi må svare: Du er altså klogere, modnere, finere end vi, derfor har vi beundret dig og regnet dig for læreren og ypperstepræsten for vor dannelse. Du har de virkemidler, vi savner. Og synes du, vore illegale skrifter og vor forkyndelse er for umoden og naiv, godt, det må da være en forpligtelse for dig. Hvem andre kan gøre det bedre. Burde du ikke søge at give vor strid det perspektiv og den dybde og værdighed, der smykker din kultur?"

"Æsteten" skydes således ikke først og fremmest suspekte motiver som fejhed eller magelighed i skoene, om end Hansen mener, at udkomme og relativt behagelige arbejdsforhold under besættelsen har spillet en rolle for "æstetens" holdning til modstandskampen eller mangel på samme. Langt snarere fremhæves mere legitime motiver som det at føre kulturkamp og føre det kostbare arvegods videre. Dels viser Hansen på den måde "æsteten" tillid og respekt for det, der faktisk kunne ligne et ægte, etisk valg, og dels giver Hansens goodwill på dette punkt en mulighed for forsoning, en mulighed for sammensmeltningen af interesser; den af "æsteten" ønskede og ifølge Hansen førte kulturkamp bør rettelig føres under modstandskampens auspicier for også *at være* et ægte etisk valg.

Martin A. Hansen nuancerer imidlertid sine synspunkter. For dels kan man godt deltage i kampen uden så at sige at være i fysisk kamp, nemlig fx ved sit skrivebord som en, der med sin viden og kunnen sætter tingene i perspektiv og bevarer det klare overblik. Fremhævelsen af kampen relativeres med denne opfattelse, som mangen en antiintellektuel[11] sikkert ville forkaste. Dels går Hansen endnu videre i nuancerende retning, når han mener ikke at kunne komme uden om kulturarbejdets autonomi: "Naturligvis kan man ikke uden videre affeje værdien af det uforstyrrede, successivt vedligeholdte kulturarbejde også i denne kritiske situation". Kulturarbejdet har altså ifølge Hansen også en berettigelse uden for kampen.

Ikke desto mindre fastholder Martin A. Hansen kampen som nøglen til virkeligheden og forståelsen af den. Utvivlsomt sandt er det, at kunstnerisk og intellektuel frihed historisk set ikke er vundet uden kamp, uomtvisteligt er det også, at den var truet og blev knægtet af fascismen. Det var derfor ifølge Hansen illusorisk at tro, at kunstnere og intellektuelle kunne holde sig uden for kampen; hvad enten man ville eller ej, var man en del af kampen. Man kunne så 'vælge' at være tilskuer til sin egen og åndslivets destruktion, eller man kunne vælge at tage del i det kæmpende forsvar for frihed, herunder også kulturens og kunstens. Desuagtet skinner imidlertid en vis mytologisering af handling, af praksis og kamp igennem Hansens essay som "det egentlige", som selve virkeligheden:

Den nøgne virkelighed kan i en moden civilisation længe lade sig tøjle af forskerens og æstetens relativistiske syn, men nu og da bryder den sig løs, for kulturens egen skyld, og på en gang er de gamle højtfortjente æsteter uden for det hele, helt udenfor.

"Gamle" kaldes æsteterne, givetvis også i betydningen forældede, og, som man må forstå, ved hjælp af ungdommeligt mod, kraft og vitalitet kæmpes kampen på selve virkelighedens valplads.[12] Og dét just for kulturens skyld; ikke æsteternes kraftesløse frembringelser er eller formidler ægte kultur, ifølge artiklens forfatter.

Hansen mener også, at "en afhandling eller et kunstværk kan udsættes lidt" i den aktuelle situation, og at forskerens eller kunstnerens kontinuerlige arbejde derfor dårligt kunne være nogen undskyldning for ikke at deltage i den øjeblikkelige modstand. Imod den holdning kan dog indvendes, at der til hver en tid vil være praktiske anliggender, som kunne påkalde sig disse menneskers hele engagement, og ofte vil der være et betydeligt eksternt pres på kunst og videnskab for at engagere sig i samfundet. I det hele taget kan den stadige, kritiske instans, som kunst, videnskab og filosofi er, utvivlsomt dårligt undværes.

På trods af den rimelighed, der også findes i Martin A. Hansens argument, nemlig at alle danske var afhængige af kampen mod ufriheden, og kæmpede ikke enhver, "de intellektuelle" ikke undtaget, imod denne, da måtte andre gøre det for dem, så står det alligevel tilbage at spørge, om der ikke, og netop for kulturens skyld, så længe som muligt burde være rum for den kulturelle virksomhed og for den tanke, være sig kunstnerisk eller filosofisk, som konstitutivt ikke kan være afhængige af noget uden for sig selv, og netop derfor altid ikke desto mindre i sig selv må være solidariske med enhver anden bestræbelse, der gælder friheden fra heteronomi?

Artiklens primære, idéhistoriske inspiration, der imidlertid ikke ekspliciteres af forfatteren, synes fortrinsvis dansk, nemlig de to protestantisk-kristne 1800-tals 'giganter' – der ikke ville være giganter, men jævne mennesker – Søren Kierkegaard (1813-55) og N.F.S. Grundtvigs (1783-1872) tankegods. Kierkegaards for ham selv at se uomgængelige, etisk-religiøse valgsituation brænder tydeligt igennem Hansens fremstilling og argumentation. Og det er ved læsningen vanskeligt ikke at tænke på Grundtvigs vers *Livet herneden er strid* fra digtet *Freden* (1813).[13] Svært er det også ikke at komme disse linjer i hu fra sangen *Er lyset for de lærde blot* (1839):

> og solen står med bonden op,
> slet ikke med de lærde,
> oplyser bedst fra tå til top,
> hvem der er mest på færde.

En delvis modvilje imod de stuelærde eller stuelærdheden og forkærlighed for det, Martin A. Hansen så som det jævne, naive, virksomme, handlekraftige danske folk, kunne kaldes en grundtone i essayet.

Words, words and words

I denne anonyme artikel i nr. 7 fra 1.3.44 argumenteres og polemiseres der imod en Novrup, som "er magister og tidligere højskolelærer på Askov, men nu beklæder en stilling under staten som ungdomskonsulent, idet han varetager ungdomsundervisningen".[14]

Novrup har "gentagne gange holdt et foredrag om humanisme og tolerance, som man i skolekredse finder kønt og rigtigt". Forfatteren finder derimod denne tale "bemærkelsesværdig – og chokerende!"

Det, forfatteren finder chokerende, er det standpunkt, at alle bør gå imod den modstand, der øves imod tyskerne i Danmark, herunder sabotagen. Novrup vil på den måde undgå folkets lidelse og forråelse, brutaliseringen af tankegangen, tabet af "sjælelig sundhed", "hadets og gengældelsens afgrunde". Novrup refereres videre for at mene, at "tålsomhed og ro sejrer til sidst. Det viser Jesus-skikkelsen os".

Men disse synspunkter "vedkender vi os ikke", siger artiklens forfatter: "Thi hvad er al Novrups tale om sandhed og ret andet end ord, *andre* bløder for?" Forfatteren anerkender ikke, at evangeliet om Jesus Kristus skulle fortælle, at det gode sejrer til sidst på denne jord, *"tværtimod"* (min kursiv; PF). Og han siger videre:

> I denne verden, hvor de hårde realiteter stadig hersker, er vi henvist til de hårde love. En af dem er kampen. *Vort liv er og må være en strid.* Denne strid gælder vor livsanskuelse og den gælder vor frihed. Her må det gå på livet løs! Det er betingelsen, uden hvilken intet kan ejes. Hadet og gengældelsen kan vi overlade til nazisterne, men lidelsen og kampen kommer vi ikke uden om, hvis vi vil bevare værdierne. (Min kursiv; PF.)

Det, der kan være omtvisteligt i essayet, ifald dette læses som postulerende en ahistorisk gyldighed og ikke som et udsagn med en mulig gyldighed i en specifik, historisk situation, er igen den stærke accent på og apoteosen af kampen, striden, der fremstilles som selve det sekulære vilkår på Jorden, grænsende til martyriet, idet ikke det gode, men det onde på Jorden ifølge forfatteren vil sejre til sidst, hvilket drabet på Jesus Kristus og hans opstandelse til det hinsidige har vist den kristne og den kristenhed, som også den anonyme forfatter bekender sig til. Døden i strid (for det gode) synes således at vise det dennesidiges ondskab og det hinsidiges absolutte godhed.

Der er rigtignok fare for en "brutalisering" af sindet,

siger forfatteren, men han mener, at "den er at foretrække for moralsk råddenskab og forgiftning, som breder sig nu, fordi vi sidder dådløse hen og ikke tør kæmpe". Og for det andet er der "en forskel på den brutalisering, der sker, hvor kampen gælder personlig, uretfærdig vinding, og så der, hvor man kæmper for en fælles, retfærdig sag". Moralen forekommer tydeligvis at skulle være den, at urene hænder ikke nødvendigvis også er uretfærdige hænder.

Tolerance kunne for forfatteren at se dårligt omfatte alt:

> det onde skal holdes nede med magt, selv om det går ud over tolerancens idyl ... Ja over for det ondes princip må tolerance slet ikke eksistere. Det onde breder sig: ... stikkerne formerer sig, lovløse overgreb finder sted, ret og rimelighed trædes ned, råddenskab og forgiftning ødelægger folkelegemet – hvis ikke – ja, hvis vi ikke gennem handlinger demonstrerer imod ondskaben.

Formuleringerne er, utvivlsomt ikke mindst affødt af kampsituationen, af manikæisk dualistisk karakter; det drejer sig for forfatteren tilsyneladende om det afgrænset gode over for det afgrænset onde. En sådan afgrænsning kan dog i almindelighed være vanskelig at foretage; er det således godt at foretage en væbnet aktion imod fjenden, såfremt denne har mulighed for en hævn- eller modaktion, der vil ramme talrige uskyldige, og såfremt der findes alternativer, som ikke kræver blodsudgydelse?

Forfatteren synes her at være fortaler for en såkaldt deontologisk etik eller pligtetik, der hævder, at den moralske værdi af en handling ikke afhænger af dens konsekvenser i virkeligheden. Dette er i modstrid med den såkaldt teleologiske etik eller formålsetik, for hvilken netop konsekvenserne af handlingen er af afgørende betydning.

Tilbage står dog det almene spørgsmål om tolerancens grænser: hvor langt bør intolerance tolereres?

Kaj Munks sidste prædiken
i København 5.12.1943

Kaj Munk (1898-1944) prædikede over denne tekst:
Lignelsen om de ti brudepiger (Matthæus kapitel 25, 1-13):

> v1 Da skal Himmeriget ligne ti brudepiger, som tog deres lamper og gik ud for at møde brudgommen. v2 Fem af dem var tåbelige, og fem var kloge. v3 De tåbelige tog deres lamper med, men ikke olie. v4 De kloge tog både deres lamper med og olie i deres kander. v5 Da brudgommen lod vente på sig, blev de alle sammen døsige og faldt i søvn. v6 Men ved midnat lød råbet: Brudgommen kommer, gå ud og mød ham! v7 Da vågnede alle pigerne og gjorde deres lamper i stand. v8 Og de tåbelige sagde til de kloge: Giv os noget af jeres olie, for vore lamper går ud. v9 Men de kloge svarede: Nej, der er ikke nok til både os og jer. Gå hellere hen til købmanden og køb selv. v10 Men da de var gået hen for at købe, kom brudgommen, og de, der var rede, gik med ham ind i bryllupssalen, og døren blev lukket. v11 Siden kom også de andre piger og sagde: Herre, herre, luk os ind! v12 Men han svarede: Sandelig siger jeg jer, jeg kender jer ikke. v13 Våg derfor, for I kender hverken dagen eller timen.[15]

Kaj Munk blev myrdet den 4. januar 1944 og havde altså en måneds tid før holdt denne sidste prædiken i København, som det fra tysk side var blevet ham forbudt at holde i Helligåndskirken, men som han trods dette forbud insisterede på at holde og altså holdt i Domkirken, dog uden at hans navn blev bekendtgjort. Kort efter nazisternes udåd bragte *FF* prædikenen i sit tredje nummer, et særnummer forbeholdt Munks tekst.

Munk klandrer det, han anser for at være det kristne danske folk for at være "faldet i søvn", fordi "Kristus ikke er levende nok for os, og det, vi forkynder, er forkyndelse i stedet for virkelighed", og lægger det til last, at det og kirken har mistet "det næstdyreste klenodie, martyrsindet", det, at "intet offer til ham var for stort. Med dette martyrsind overvandt vi engang verden, og uden det vil verden overvinde os". Det angivelig kristne, danske folk bebrejdes, at det ikke uden betænkelighed følger Kristus:

> Kristus var en kriger, han stod selv forrest i slaget, men veg heller ikke uden om at drage sit mandskab efter sig derhen, hvor død og kval og lemlæstelse var heltens løn. Og de gik der uden tøven. ... Åh, mine kristne venner, det er derhen, vi skal. Ikke for vor egen skyld. Ikke for at sikre os en billet til parkettet i himmerig. Men fordi ... vi har fået riget betroet.

Og "når de himmelvendte kristne klager over, at der prædikes politik i kirken, så fører de ukristelig tale". Kirken, hævder Munk, er derimod til for "at aktualisere evigheden".

Det må fremhæves, at Munks mål ikke var en plads i det hinsides, men derimod den dennesidige kamp for at indføre evigheden her:

> Kristendommen var i virkeligheden altid en ret uåndelig religion. Tømrersvenden fra Nazaret svigtede, som den gode jøde han var, aldrig Jorden – Jorden, skabt af Gud Fader, fordærvet af Den Onde, men skabt af Gud Fader alligevel og med sit mål i ham. Dette mål var det just sønnens gerning at virkeliggøre.

Men det er et mål, som, også for Munk, har betydelige odds imod sig, og ganske klart er det heller ikke, hvad evigheden i det dennesidige betød for Munk; utopist var han givetvis ikke. Men efter alt at dømme betød den sådan noget som et kristent samfund altid beredt til strid imod det altid og alle steder tilstede- og nærværende 'onde', men ikke nødvendigvis som i 1940-45 eller i en anden udpræget defensiv, momentant underlegen position.

En fremherskende tendens til at placere "krigeren" Kristus, krigen, kampen, striden som troens, evighedens og verdens centrum genfindes altså også i denne tekst. Ordet fred forekommer da heller ikke deri. Martyriet er derimod fremhævet hos Kaj Munk, paratheden til at ville ofre denne verden ("at overvinde verden") til fordel for evigheden for at vise evighedens, Guds og Kristi egentlige overherredømme trods evighedsmagtens temporære, tilsyneladende magtesløshed på Jorden. Munks martyrfigur vender imidlertid ikke den anden kind til og lader sig godvilligt og passivt slå ned, men tager tværtimod kampen aktivt op.

Den konkrete modstander, altså hvem det var, kampen gjaldt, var selvfølgelig mere end tydelig nok i den nazistiske besættelsesmagts gestalt. Men hvad kæmpede man for, og imod hvad stod striden, ifølge Kaj Munk i denne prædiken?

Munks sag, hvilken han ser som en almen, politisk fordring til enhver kristen dansker eller i realiteten enhver skandinav eller nordbo, er den, at denne, væk fra sin sorgløshed og sit eksklusivt personlige Gudsforhold, i det hele taget væk fra sit 'sovende' forhold til Gud, må omvende sig til den uomgængelige kamp for Guds og folkets sag: "Livets strenge Herre kræver kamp og ofre af sine". Tages kravet om denne eksistentielle kamp ikke op af det danske folk, svarer "den barmhjertige Guds hårde stemme: sandelig jeg kender jer ikke". Munk kommenterer videre til dette:

> Du må blive dig din kristendom bevidst; du må overgive dig til Gud med alt, hvad du har og er; Gud kalder dig til omvendelse, til at tage afsked med dig selv i en mystisk viljesakt; hvis du ikke omvender dig, kan du ikke indgå i Guds rige. ... O, vel er det sandt, at Guds barmhjertighed er bundløs, men netop derfor er den alvor for ham; skyder du den fra dig, skal du opleve, at barmhjertighedens Gud er ubarmhjertig netop af barmhjertighed.

Sagen, der ifølge Munk skal kæmpes for, er således for det

første helt igennem overindividuel, er et kollektivt, et fælles anliggende, den er det af fjenden besatte danske folks anliggende på baggrund af Guds ufravigelige, absolutte krav om kamp og offer. Intet sted taler Munk da ej heller om individuelle, personlige og politiske frihedsrettigheder eller menneskerettigheder, og hans slet skjulte appeller til modstand og oprør henvender sig til kollektive entiteter, som fx "frie nordiske sind", "et kristent folk", "Vort folk! Vort folk!", "vi er en kristen, dansk menighed", og "en frisk, sund og handlekraftig ungdom"[16].

"Kirken vil vække Danmark til at vågne nationalt", men

> en nationalisme uden kristendom fordømmer vi som et onde. Der blomstrer et had over alverden, vildt, fortærende ondt. Kristus har lært os det store i med alle evner og kræfter at gå imod det onde uden at hade. ... Kristus har lært os den dybe forskel på retfærdig straf og så hævn.

Og når krigen er slut, skal der gøres op med de skyldige "i Guds navn og ikke i Djævelens". Munk taler altså for nationalisme; men enhver nationalisme, være sig religiøs eller ideologisk, er vel at mærke et onde (det vil for Munk rent ud sige af djævelsk oprindelse), medmindre den også er kristen, siger han. Hvad denne positive nationalisme nærmere består i, får vi ikke at vide, bortset fra de kristne kendetegn: kampvilje og offervilje i Guds navn samt retfærd og ikke hævn, dette sidste også som grundlag for et tilstundende opgør med besættelsestidens danske landssvigere.

Den danske *Grundlov* med sit fundament i individuelle frihedsrettigheder nævnes imidlertid ikke som grundlaget for lov og ret samt for retfærdige retssager og domfældelse. Det gør derimod "Grundloven i Kristi Rige, den, der hedder barmhjertighed". Bl.a. burde denne barmhjertighed være kommet de forfulgte jøder også i Danmark til gode fra tysk side:

Når der her i landet rejses en forfølgelse mod en særlig gruppe af vore landsmænd bare for deres afstamnings skyld, er det kristeligt ret af kirken at råbe: Dette er stridende imod Grundloven i Kristi Rige, den, der hedder barmhjertighed, og det er afskyeligt for frie nordiske sind.

Der turde ikke være tvivl om Munks retfærdsånd og hans harme over jødeforfølgelserne og racismen. Et tvivlsspørgsmål er dog barmhjertigheden som tilsyneladende eksklusivt grundlag for retsordenen; det som fundament for enhver human retsorden og -udøvelse i øvrigt uundværlige begreb barmhjertighed kan dårligt stå alene, idet dets subjektive og emotionelle moment er det dominerende. Hvem fortjener mest barmhjertighed, og hvad består den nærmere bestemt i? Hvad siger barmhjertigheden i sig selv om den retslige behandling af stikkere og bødler? Et retssamfund kommer derimod ikke uden om så præcist som muligt definerede – skønt interpretable – fornuftige, universelt baserede, individuelle rettigheder som grundlag for sin praksis.

Munk taler af forståelige grunde stort set kun abstrakt om, hvad der aktuelt kæmpedes imod. Men begreber som had, hævn, synd, død og verdensmagthaverne nævnes med eksplicit afstandtagen i hans tekst som noget, der er kendetegnende for fjenden. Den dualistiske modstilling af Gud og Djævel nævnes også og fremmaner på den måde en forestilling, om end ret abstrakt, af etiske og politiske idealer, der betingelsesløst bør forsvares:

> Et kristent folk, der sidder dådløst hen, når dets idealer trampes under fode, slipper forrådnelsens kræft ind i sit sind, og Guds vrede sænker sig over det.

Det, muligvis bortset fra ungdommen, angivelig temmelig sløve, danske folk manes til kamp for at udføre Guds vilje, der også af Munk anses for at være en kamp for evige værdier som barmhjertighed, sandhed og retfærdighed samt for fædrelandet. Og der er ifølge ham aldrig nogen gyldig undskyldning for ikke at være klar til kamp på liv og død imod det djævelske, der er en altid parat, aldrig hvilende modstander.

Om Kaj Munk, der så vidt vides ikke selv tilhørte kredsen af skribenter i *FF*, var demokrat, sådan som demokrati og det demokratiske i øvrigt er bladets udtalte linje, står noget hen i det uvisse. Det er derimod uomtvisteligt, at det for ham, når uoverensstemmelse foreligger, ubetinget bliver Guds frem for folkets mere eller mindre arbitrære vilje eller politiske beslutning, der skal adlydes. For Kaj Munk er Guds vilje 'folkets' sande vilje.

Sammenfattende kommentar

Tonen og stemningen af afgørelsens uigenkaldelige time trænger sig klart lydende igennem de tre her gennemgåede artikler, og nok især i Kaj Munks prædiken; det er valget, dettes enten – eller, på liv og død, den enkelte alvorsfuldt skal træffe, og han må træffe det rigtige valg, nemlig modstanden imod det onde, den udenvælts, den frihedskrænkende, ukristelige, diabolske fjende.

Guds vilje ses som urokkelig i relation til 'Den Onde' og 'Det Onde', og det danske folk burde være det samme i forhold til, hvad der med forfatterne kan hævdes at svare til det ondes stedfortræder i Danmark, den nazistiske besættelsesmagt og dens terrororganisationer.

For Munk er Guds vilje modstand imod det i landet huserende onde, derom kunne der ikke tinges, heller ikke i Folketinget eller Rigsdagen. Gjorde man ikke desto mindre dette, ville folket blive afskaffet af nazisterne. Modstillingen mellem 'Den Onde' og Gud synes således på det nærmeste empirisk klar, ondskaben har så at sige antaget konkret skikkelse af selve Djævelen, og dersom folket ikke følger Guds vilje, hans absolutte krav om modstand, er det prisgivet, fortabt, ifølge Munk.

Handlingen og især i form af kampen, striden – vel at mærke ikke den darwinistiske kamp om overlevelsen, men derimod om etiske eller kristent-religiøse idealer – og ikke blot modstanden imod undertrykkelsen har i teksterne en delvis tendens til at blive betragtet som det egentlige, som tilværelsens centrale eksistentiale, dens grundlæggende måde at være til på. Antager man nemlig kampen som en art metafysisk evighedsværdi, siges det samtidig implicit, at den kamp ikke kan vindes, men på et eller andet plan og uafbrudt tværtimod må fortsætte til evig tid. Og kæmper man en kamp på Jorden, der ontologisk betragtet, altså i absolut forstand, ikke anses for at kunne vindes, er det så godt som ensbetydende med, at man kæmper for et ideal, dvs. noget højerestående, transcendent, noget evigt, hinsidigt i modsætning til noget dennesidigt, jordisk, idet idealet har den art, at det ikke er materielt, af jordisk beskaffenhed, om man vil, og derfor aldrig lader sig realisere fuldt og helt på jordiske vilkår. På denne måde kan kampen som det jordisk centrale lade sig føre tilbage til Guds vilje ('idealet') som sin urgrund og bevæggrund. Men dersom Guds vilje måtte være kampen, er der ikke langt til at tyde kampen som noget nær formål i sig selv, hvilket de facto kan være en faldgrube ved de i artiklerne udtrykte opfattelser, på trods af at friheden og retten er det formål, man reelt har, og som man grundlæggende ønsker, kampen skal tjene. Problematikken kan også udtrykkes således i kort form: anser forfatterne valget af 'det rette' som implicerende kampen, eller anses omvendt valget af kampen for indikator på 'det rette'? Det fremgår ikke med ønskelig tydelighed af teksterne; dog må det fastholdes, at forfatternes intention uden for al tvivl er Danmarks befrielse fra den tyske, nazistiske besættelse.

Martyriet, viljen til at dø for idealet, har den samme

grund; det (etisk og/eller religiøst) evige, hinsidige agtes (uendeligt) højere end det blot forgængelige eller skrøbelige, jordiske, derfor vil man gerne – måske ovenikøbet uendelig gerne – dø for dets sag. For Kaj Munk, der rigtignok vil det jordiske liv, men da som evighedens, 'idealets', slagmark, har idealets jordiske forkæmpere og disses modstandere måske på forskellige tidspunkter antaget varierende skikkelse; men i sin egen tid måtte han altså ende med at se dem som hhv. det danske folk og besættelsesmagten.

De tre her behandlede tekster kan utvivlsomt hævdes i ikke ringe grad at bygge på kristeligt-national grund eller, populært sagt, at have Gud, konge og fædreland som sit grundlag. Imidlertid negligerer disse beskrivelser en hovedreference for teksterne, nemlig *'folket'*. Det er 'folket', der indtager centrum i artiklerne, folket, hvis kampvilje og mod der appelleres til, og folkets frihed, der er målet. Det er folket, der skal kæmpe kampen, sin egen kamp for sine egne mål. Appeller og substantielle henvisninger til kongen og partiernes politikere er fraværende i teksterne, og diskursen nævner, behandler eller fremhæver kun perifert disse som centrale aktører. Selvsagt var situationen dog helt ekstraordinær; konge og Rigsdag var sat uden for indflydelse, og det gjaldt for modstandsfolkene primært og altoverskyggende den befriende, væbnede modstand. Men teksterne udviser desuagtet ikke nogen udtrykt veneration for nogen af dem uden på den anden side at gøre op med dem. Det helt centrale i situationen var imidlertid folket og dets frihed, rigtignok i Guds navn og ånd; men hvilke politiske institutioner, der måtte tilfredsstille dette krav, fremgår at være af mere sekundær betydning, ud over at de ifølge bladets udtalte linje skulle være (liberalt) demokratiske.

Kapitel 2

Modstandens legitimitet, formål og form

Især to principielle grunde gjorde alt andet lige væbnet modstand imod en tyrannisk magthaver problematisk i Danmark med landets ikke mindst dengang i 1940'erne luthersk-protestantisk dominerede tro og kultur.

For det første påbydes det at 'give kejseren, hvad kejserens er'. Ifølge Luther var 'kejseren', det vil sige den verdslige magthaver overhovedet, indsat af Gud, og undersåtterne havde derfor ikke ret til at gøre oprør imod ham eller den. Ydermere har mennesker ifølge megen luthersk inspireret politisk tænkning ikke indsigt i Guds veje og hans skabte, jordiske orden (med en mere folkelig talemåde er 'Herrens veje uransagelige'), derfor skulle man afholde sig fra at omstyrte den gudgivne, politiske og samfundsmæssige orden. Mere retsfilosofisk udtrykt betyder det, at et samfunds borgere skulle adlyde og ikke bryde den positive lov. For det andet forbyder det femte af De Ti Bud at slå ihjel, ikke mindst ifald drabet ikke er statsautoriseret.

Maksimer som disse kunne synes at ligge bag en holdning, der gør sig til fortaler for tolerance over for en hvilken som helst magthaver; magten må i det mindste tolereres, tåles, udholdes og ikke bekæmpes.

I den anonyme artikel *Enten – Eller* (nr. 14, 1.7.44) argumenteres der imod den form for "idealistisk" tolerance, der mener, at

> al lidenskab er djævelskab. Den bygger på det ræsonnement, at det er lidenskaberne, der driver menneskene til at ødelægge hinanden i afsindighed og had. Og at det derfor må være menneskenes mål at stræbe efter den fuldkomne tolerance.

Artiklen, der ganske vist ikke bygger eksplicit på de ovennævnte maksimer eller tilsvarende, men ikke desto mindre tydeligvis bevæger sig inden for en kristen overbevisnings vokabular, har imidlertid de facto forrykket sit perspektiv og argumentationens vægt væk fra positiv, juridisk lov og den religiøst betingede pligt til at overholde den og hen – eller 'op' – til en teologisk og eksistentielt set *overordnet, strengt dualistisk metafysik*, idet den danske modstand ifølge artiklen menes at abonnere på det gode og gudgivne og den heraf affødte *gode form for lidenskab*, mens nazismen er hjemfalden til Djævelen, det djævelske og derfor til den onde lidenskab:

> Nazismen åbenbarer i sandhed djævelske lidenskaber, men dermed er ikke sagt, at al lidenskab er djævelsk, og at vi, hvis vi vil fri os fra det onde, må møde nazismen med tolerance. Tværtimod. Vil vi handle i det godes navn, må vi ikke blot bryde med nazismen, men også bekæmpe den; for *det gode bør være båret af en lige så brændende lidenskab som det onde.*

Legitimiteten af modstanden imod den faktiske, nazistiske magthaver hentes således øjensynlig ikke primært hos Luther eller i Bibelens *Ti Bud* her, hvilket også kunne synes vanskeligt, men derimod i en, som man anskuede det, utvivlsom, ligesom gudgiven indsigt i det foreliggende onde, nazismen og al dennes væsen.

Da problematikken nu ifølge forfatteren ser sådan ud – dvs. "det gode" over for "det onde" og ikke blot 'aggressor og undertrykker versus undertrykt' eller simpelthen 'os imod dem (fjenden)' – er *modstand ikke blot legitim, den er en ubetinget og uomgængelig fordring*; ingen kan retmæssigt unddrage sig den, for tager man ikke konsekvent stilling for det gode, er man, hvad enten man vil eller ej, på ondskabens side og gavner denne:

> Den, der af angst for konsekvenserne af et brud med nazismen foretrækker tolerant at indgå kompromis, han bliver ved dette kompromis *meddelagtig i nazismens uret*, han har selv begået uret.

Med andre ord: "Den, der vil være tolerant, ender på den forkerte side". Man kunne givetvis også udlægge synspunktet omtrent på den måde, at Gud ikke har indsat nazisterne som magthavere, det har derimod Djævelen/det djævelske, og derfor bør de ubetinget bekæmpes. Et principielt spørgsmål til forfatterens opfattelse her kunne dog være, om et kompromis, der ikke er indgået af angst, men derimod, som den kompromissøgende selv måtte opfatte det, nødtvunget og af ansvarligt hensyn til den danske befolkning, ikke netop er med til *at hindre* yderligere nazistisk uret i form af fx terrorbombardementer af danske byer til fordel for mere langsigtede, hensigtsmæssige måder at fjerne nazismen på?

Men legitimerer det da den tolerante holdning, at tolerance *rent åndeligt* eventuelt holdes op for øjnene og ørerne af nazisterne som et ideal, også de burde overholde? Det gør det ikke, mener skribenten; åndelig kamp skader ikke nazismen det mindste:

> Det nytter ikke, at vi hævder, at vor kamp er en åndelig kamp, når tusinder af mennesker bløder på slagmarkerne for de samme ideer, som vi nøjes med at tale om. Åndelig kamp må føres ud til de yderste konsekvenser, og den må give sig udtryk i handling – først da er den modstand.

Det kunne se ud, som om aktiv handling var eneste legitime form for handling, men det er ikke tilfældet, siger artiklens forfatter; modstandshandlingen kan være *passiv*, "som fx et nej til en antikominternpagt", lige så vel som *aktiv*, "som fx en sabotagehandling".

Modstanden behøver altså ikke nødvendigvis at benytte sig af vold, *men*:

> den passive modstander har ingen som helst ret til at føle sig ren ved siden af krigeren. *Vi har nemlig alle blod på vor samvittighed*, også de neutrale, de, som unddrager sig kampen; *for den, der er vidne til et mord uden at prøve at stoppe det, han er medskyldig.*

Det kan indvendes imod eller bemærkes til artiklen, at nogen generel, metafysisk gyldighed kan kampen mellem 'det gode' og 'det onde' dårligt hævdes at have, dertil savnes der tilstrækkelig, substantiel entydighed i disse begreber. Og det er da næppe heller helt så indlysende, som forfatteren vil, hvad der til hver en tid i besættelsessituationen var "godt" og "ondt"; vist var det rigtigt at modsætte sig nazismen, men måden i den konkrete situation var næppe altid så klar.

Forfatterens bærende synspunkt synes imidlertid at være, at tolerance kun har gyldighed i sammenhænge, samfund og kulturer, hvor tolerance accepteres og respekteres af de involverede parter. Hvor eller i de tilfælde, "det gode" og herunder tolerancen imidlertid ikke respekteres eller rent ud trædes under fode, kan tolerance ikke længere hævde sin gyldighed, over for intolerancen kan tolerancen ikke være tolerant: "Hvis tolerancen trænger gennem formen ind til det egentlige, ind i kampen mellem godt og ondt, så er den et tegn på lunkenhed og åndelig sterilitet". Derfor burde den enkelte ifølge artiklen træffe sit valg, det eneste reelt mulige: enten "det gode" eller "det onde", enten ved sit bevidste valg tage kampen op for genuin tolerance eller også henfalde i illusorisk, falsk tolerance, der realiter af forfatteren ansås for gerådet i den vrangforestilling at kunne tjene både "godt" og "ondt".

Kapitel 3

Folket: hvem og hvad?

Det skal først og fremmest understreges, at den altovervejende, rationelle kerne i begrebet "folket", sådan som dette er anvendt af *FF's* skribenter, ikke har en ekskluderende karakter. Begrebet må tilnærmelsesvis tydes sådan, at enhver dansk statsborger uden undtagelse betragtes som en del af folket eller, med et måske mere tidssvarende ord, af befolkningen og med individuelle rettigheder. Retmæssigt tilkommer der enhver med dansk indfødsret i landet uden undtagelse de samme grundlovssikrede, politiske rettigheder og personlige frihedsrettigheder, hvilken retmæssighed først og fremmest bestemmer den enkelte som del af 'folket'. Var danske borgere nu delagtige i reelt brud (in casu som foranstaltet eller accepteret af den tyske besættelsesmagt) med disse borgerrettigheder, blev de ikke af den grund i mindre grad dele af folket (eller, om man vil, i ringere grad individer i befolkningen), for så vidt som de stadig som danske retmæssigt *burde have* grundlovssikret ret til ytringsfrihed og andre basale friheder. Men i den udstrækning, nogles handlinger modsætter sig borgernes grundlæggende rettigheder i almindelighed, må de modvirkes ifølge *FF*. Enhver dansk borger er imidlertid primært at betragte som et frit individ, og ingen er derfor mere bundet af 'folket', end at vedkommende bør have retten til at have sine egne synspunkter eller til at argumentere imod gældende lov.

På trods af en erkendelse i skriftet af ikke mindst materialisme og opportunisme blandt den danske befolkning, der måske ovenikøbet var fremherskende, og uagtet udbredt, almindelig magelighed, tøven og skepsis og givetvis hos nogle ovenikøbet lydhørhed i forhold til nazistisk propaganda, mentalitet og tilsvarende, findes der angivelig i 'det danske folks' karakter en art fundament eller en relativt stabil mental habitus, for hvis varighed ind i fremtiden der dog, hvilket må understreges, ikke gives nogen garanti. Fundamentet kan med andre ord muligvis have temporær og historisk karakter og altså ikke nødvendigvis en overhistorisk, guddommelig eller metafysisk. Svaret på det spørgsmål fremgår imidlertid ikke klart af artiklerne. Dette fundament kunne meget kort fortolkes som retskaffenhed:

> Vi må gøre os helt klart, at Danmarks øjeblikkelige moralske styrke ikke bør forveksles med et lands smålige had mod dets nabo. Vor styrke ligger i, at vi står på rettens side mod forbrydelse og løgn. *Vi bør fordømme tyskerne* **fordi** *og så længe, de tåler nazismen – og kun derfor!*[17]

Vel at mærke er der altså her tale om en dansk, moralsk styrke, der i høj grad er fremkaldt og øget af øjeblikket, af den fremmede magts uretmæssige okkupation og undertrykkelse. Om retskaffenheden også altid og trods alle subjektive og objektive forhindringer ville trænge igennem som det ypperste og uovervindelige kendemærke for det danske folk, forbliver ikke tydeligt for læseren.

Svaret på, om befolkningens væsentlige mentalitet ligger iboende i sådan noget som en medfødt samvittighed, om den, fx egenskaben tillid, er en 'suveræn livsytring', som det hedder hos den danske teolog og filosof K.E. Løgstrup (1905-81), eller om den er et historisk resultat og et resultat af oplysning, måske ikke mindst 1700-tallets, eller noget tredje, er ikke klart gennemskueligt eller snarere ikke helt afklaret i artiklerne. Hovedtendensen forekommer dog at være, at den anses for medfødt. At noget måtte være medfødt, betyder imidlertid ikke nødvendigvis, at det også er uforanderligt, hvad fx menneskets udviklingshistorie dokumenterer; det, som er mennesket medfødt, er ikke i alt også aben medfødt, noget er kommet til i udviklingens løb, og noget er forsvundet, eller som rudiment væsentligt forandret eller væsentligt formindsket. Det medfødte behøver heller ikke have eksklusiv karakter, såfremt sådan noget som tolerance og prædisposition for individets frihedsrettigheder og udviklingsmuligheder hører med til det medfødte. Problematisk kan tanken om det medfødte derimod være, såfremt det får den betydning for den enkelte, at vedkommende mener, hans/hendes spontane, ureflekterede standpunkt eller handling automatisk er moralsk 'god', fordi den er medfødt og af en enten naturligt eller guddommeligt given beskaffenhed. Den overvejende tendens i *FF*, der dog på den anden side også må siges at have en faible for spontanitet, udelukker imidlertid ingenlunde refleksionen, det begrundede standpunkt og den begrundede handling.

Visse befolkningsgrupper anså man, vel at mærke i den specifikke, historiske situation, for at være tættere på det ægte eller duelige, modstandsvillige retsind end andre, men ingen var dog for tid og evighed udelukket derfra. Den jævne mand og byboen anses således for at være tættere på modstandsviljen end den humanistiske akademiker og bonden (hvilken sidste jo ellers ofte siden romantikkens begyndelse omkring år 1800 var blevet identificeret med det ægte folkelige). En del akademikere anses, i hvert fald momentant, for at være (for) skeptiske og tvivlende til at gå ind i modstandsbevægelsen, mens en del bønder, både pga. den geografiske afstand til selve kampen i byerne og næringsinteresser forbundet med tyskerne, ikke tog del i modstanden. Desuden nævnes for bøndernes vedkommende også en stadig for stor respekt for det skrevne ord, altså også for tyskernes.

FF's ærinde er imidlertid i langt højere grad at opildne

danskerne til den passive eller aktive modstand, som det ifølge bladets skribenter burde gå ind i, end at forherlige 'folket', dets (potentielle) egenskaber og gerninger.

I artiklen *Dømt til døden* (nr. 13, 8.6.44) klandres mange danske for ikke blot ikke selv at være villige til at bringe noget offer, men desuden for ikke at værdsætte det offer, som nogle mennesker bragte i frihedskampen for andres skyld. Offerviljen kalder den anonyme forfatter i sin opsang for et "primitivt urinstinkt". Og dette har "vi mistet", hvilket peger "mod det usunde sted i den danske folkesjæl: vi er bange for at betale de personlige ofre for at bevare og genvinde vor frihed". Hvad angår OFRET (der også staves med versaler i bladets artikel), "dette at nogle må dø for at folket kan leve (...), er vi som et sløvet og vildført folk, der gennem slægtled er opdraget til at gå uden om at betale prisen for vor frihed og selvstændighed". For mange danske synes "gode ernæringsforhold og nogenlunde normale tilstande og hyggelighed midt i verdensbrandens voldsomhed at gå forud for ære, ret og samvittighed".

Selve begrebet offer er imidlertid ikke uproblematisk i teksten; at ofre sig selv for helhedens skyld indikerer, at helheden er vigtigere end det enkelte individ. Noget principielt andet er det at kæmpe for, hvad der er ret for ethvert individ og dermed også for en selv, eventuelt med livet som indsats. Det er imidlertid ikke givet, at forfatteren har skelnet imellem de to begreber, og næppe heller i denne konkrete sammenhæng kan en skelnen da anses for strengt nødvendig, idet forfatterens trods alt mere pragmatiske ærinde har været dels at få danskerne til at værdsætte landsmænds indsats også for deres skyld, dels at få dem til at indse det rette i samt at påtage sig en tilsvarende stor byrde.

Kapitel 4

Folkekirken
og folkets anliggende

En overvejende del af *FF's* redaktion og skribenter stod på kristendommens, nærmere betegnet den luthersk-evangeliske, reformatoriske protestantismes grundlag. Derfor var det af afgørende betydning for dem at legitimere deres handlinger på basis af denne kristendom.

Men ikke mindst *Matthæus-evangeliets* ord: "Giv kejseren, hvad kejserens er, og Gud, hvad Guds er" og Luthers dictum, at den enkeltes retfærdiggørelse og frelse kan tilvejebringes ved 'troen og troen alene' og altså ikke igennem nogen som helst gerning, skød en breche ind mellem de troende i landet; kunne det være kristent at blande sig i og sågar gøre modstand imod den verdslige magt? Derom var der ikke enighed.

I artiklen *Kirken og retten i den aktuelle situation* (nr. 6, særnummer, 2.44) argumenteres der kraftigt imod det, man anså for kirkelig passivitet eller måske ligefrem afvisning af modstand, og omvendt for indblandingen i statens anliggender under de foreliggende omstændigheder:

> Kirken ønsker ikke at blande sig i statens sager, men netop at respektere staten i dens suverænitet som den Guds tjener, den er. *Men dette betyder dog ikke, at kirken ikke har noget at sige statsmagten.* I det øjeblik, statsmagten truer med at forlade rettens grund og opløse sig selv i et vilkårlighedens despoti, er det kirkens pligt at kalde til værn om retten. Kirken

blander sig ikke ind i statsmagten på den måde, at den ønsker at autorisere en bestemt statsform som den eneste kristelige. Kirken kan leve sit liv under en hvilken som helst statsform undtagen den, der gør sig til ét med lovløsheden. Når den faktiske statsmagt 'befaler at synde, da bør man adlyde Gud mere end mennesker'. (...) Ved sin lidenskabelige interesse for retten er *kirken* – og det skal den være – *enhver statsmagts samvittighed.*

Kirken "må stå solidarisk med folket i kravet om retten", for retten er for kirken "en Guds gave og velgerning".

Det retsgrundlag, som artiklen henholder sig til, er primært den positive danske lov, der forbød tortur som forhørsmetode samt de deportationer af danske statsborgere, som besættelsesmagten også satte i værk, for nogle borgeres vedkommende udelukkende på grund af deres race. Desuden hævdes det, at besættelsesmagtens lovovertrædelser strider imod "nordisk sæd og skik", altså traditionsbundne, sædvanebestemte, moralske konventioner.

Det, som besættelsesmagten således først og fremmest anklages for at have gjort sig skyldig i, og som i artiklen anses for at være af det onde, er ved ren lovløshed og vilkårlighed at forbryde sig imod det givne, juridiske lovgrundlag foruden imod en mere ubestemt, nordisk moralkodeks. Men primært er den givne lov lig med positiv ret, og (den danske) lov synes i artiklen gudgiven eller i hvert fald klart sanktioneret af Gud.

Denne hovedsagelige reference til formelt gældende dansk lov kan synes adækvat set i relation til det formål at modsætte sig et fascistisk, arbitrært handlende regime. Om noget egentlig gudgivet, alment retsprincip imod undertrykkelse er der imidlertid ikke tale i teksten, uagtet at den også indeholder en undertone af generel og universel forkastelse af forfølgelse af uskyldige, som fx af mennesker af racemæssige grunde. Og dertil skal lægges, at selve *retsprincippet*, der er det bærende i hele artiklens argumentation imod besættelsesmagtens lovløshed, i sig selv indebærer almen forkastelse af uretten, dvs. forkastelse af det, der ikke kan stå sin prøve konfronteret med sandhedssøgende argumenter.

Det vigtige for artiklens forfatter er imidlertid over for præstestanden og den øvrige danske kristenhed at retfærdiggøre og påbyde protesten og modstanden imod en anden statsmagts væsentlige krænkelse af den danske *lov*, en krænkelse, der angivelig for Gud klart var udtryk for en ondskabens magt, og som kirken derfor måtte modsætte sig. Eller parafraseret: den nazistiske besættelsesmagt har ikke givet 'kejseren' (den danske befolkning), hvad 'kejserens' er, men derimod berøvet 'ham' dette. Men der argumenteres altså ikke her tydeligt med et særligt, guddommeligt retsprincip eller en guddommelig lov, der er overordnet enhver positiv, af mennesker forfattet og givet lov.

Sådanne mere overordnede, kristent-humane principper gør forfatteren til artiklen *Nu gælder det – Mester Ole!* (nr. 4, 2.44) sig i højere grad eksplicit, men dog indirekte, til talsmand for: "Vi ønsker, at kirken vil bruge hver naturlig anledning til at stemple overgreb, vold, uret og synd som det, det er". Her er det tydeligere, at kirkens pligt ikke ses som indskrænket til afstandtagen fra bruddet med gældende positiv lov og ret, men bør gælde ethvert overgreb, bør gælde al vold, al uret, al 'synd'. Tilsvarende afstandtagen fra al vold og uret findes også i de danske biskoppers hyrdebrev fra foråret 1944, som er refereret og kommenteret i artiklen *Kirken og de aktuelle spørgsmål* (nr. 9, 4.44).

Tilskyndelsen til eller påbuddet om "kristen kamp" findes stærkt fremhævet i fx de følgende tre tekststeder fra to forskellige artikler: "Havde Morten Luther levet nu, havde han ikke været tavs. Var han blevet tavs, var han sikkert blevet det, som Kaj Munk blev tavs", og: "Kristendommens mission har været krig og er det endnu i dag" (Nr. 21, 5.11.44 i artiklen *De kristnes kamp*), samt:

Når vi føler os tvunget til så klart og bestemt at sige nej til nazismen, er grunden blandt andet, at vi i den møder intet mindre end en ny religion. ... Ingen, der har læst denne skildring (bogen *Hitlerungdommen* af Carl Hage) af den tyske ungdomsbevægelses mål og ideer, kan være i tvivl om, at, hvad man her står over for, er en dødelig fare for alt, hvad den kristne kultur gennem mange slægtled har søgt at bringe menneskeheden. (Nr. 5, 15.2.44, artiklen *Nazismens guddommelighed.*)

Den protestantisk kristne danske mand og kvinde, der ellers var opfostret med, at forholdet til Gud var et helt personligt forhold, kan således, ifølge den altdominerende linje i *FF*, umuligt forholde sig tavs i forhold til undertrykkeren; han og hun er underlagt en (ideel) fordring om at tage utvetydigt afstand igennem åben protest eller, om muligt eller nødtvunget, anden form for modstand.

Kapitel 5

Uret og ret

Bærende for forfatternes selvforståelse og argumentation er retsbegrebet; såfremt dette ikke var selve rettesnoren for modstanden, måtte denne frakendes legitimitet. Af den grund var selvjustits på modstandsbevægelsens og befolkningens vegne af stor, negativ betydning, fx når det hedder i *Straffen over tyskerne* (nr. 17, 25.8.44): "Straffen over krigsforbryderne må ikke være dikteret af en sådan hævnfølelse, som kom frem under visse episoder i generalstrejkedagene".

Bestemmelsen af, hvad 'ret' generelt er for *FF*, er derfor central for en bestemmelse af *FF's* idégrundlag. Det skal dog atter siges, at der ikke er nogen monolitisk enhedslinje i *FF's* artikler; men betoningen af det retmæssiges afgørende betydning er imidlertid samstemmende og utvetydig.

I ovennævnte, repræsentative artikel viser det fundamentale retsgrundlag sig at være, hvad den anonyme forfatter kalder *"naturretten"*:

Naturretten, som vi kan kalde den, udleder vi af vore vilkår som mennesker, og disse vilkår har Gud som Skaber og Forsyn bestemt. Som kristne går vi ud fra, at Jesus er Guds søn, Gud fra evighed tillige med Faderen og Helligånden. Han har selv været med til at skabe mennesket og til at opretholde verdensordenen, hvor moralen er en simpel brugsanvisning for os. Da nu Guds søn blev menneske, kom han selvfølgelig ikke for at ophæve den naturlige tingenes orden, som han selv har været med til at skabe: altså heller ikke for at ophæve den enkeltes eller samfundets ret til at værne om sin eksistens.

Begrebet naturret er imidlertid i en kristen sammenhæng ingenlunde uden problemer eller indiskutabelt. For dette begreb forudsætter for den kristne menneskers klare mulighed for indsigt i, hvad der måtte være Guds tanker om ret og rimeligt på Jorden. Dette har igen som konsekvens for det første, at mennesker må have muligheden for en ikke ubetydelig indsigt i Guds væsen, hensigt og vilje. For det andet forudsætter essentiel, 'guddommelig' indsigt i ret og rimeligt fornægtelsen af menneskets uoverstigelige syndighed og fundamentale, altovervejende fejlbarlighed. Det problematiske ved disse to forudsætninger, i det mindste for den luthersk kristne, kan spidsformuleres på denne måde: Ved vi mon med rimelig ('guddommelig') sikkerhed, at ret på den syndige jord ikke er lig med for eksempel *den stærkeres ret*, in casu den okkuperende nazismes, som man derfor måtte bøje sig for?

Kristne teologer og filosoffer har divergerende opfattelser af det problematiske ved det naturretslige. Kirkefaderen Tertullian (160-220) sagde således: "Jeg tror, fordi det er absurd" ("Credo quia absurdum"); han *troede* altså, fordi Guds væsen, vilje og retfærdighed, jordisk som himmelsk, var umulig at gennemskue for nogen menneskelig fornuft og på den måde fremviste menneskets lidenhed og omvendt Guds storhed. Og den tyske filosof Immanuel Kant (1724-1804) mente, at *naturens lovmæssigheder netop var helt forskellige fra* den morallov, som just var væsenskendetegnende for den menneskelige tilværelse. Til gengæld mente Kant, at moralloven tilsagde menneskene at træde ud af deres ('selvforskyldte') umyndighed; men på den anden side skyldtes denne umyndighed i høj grad, at mennesker ikke havde gjort op med deres hjemfaldenhed til naturen og dens lovmæssigheder.

Lad os dvæle lidt længere ved naturretsbegrebet og tilsvarende, som i den ene eller anden form syntes temmelig afgørende for legitimiteten af den kristne, danske modstand under besættelsen, i det mindste set i *FF*-forfatternes perspektiv.

Dette begreb, der lader sig føre tilbage til antikkens stoikere, er i en kristen sammenhæng og udformning af katolsk oprindelse og er, i sin gennemarbejdede form, konciperet af den italienske, katolske og skolastiske filosof Thomas Aquinas (1225-74). Thomas mente, at menneskets jordiske, men gudgivne rettigheder kunne afkodes af fornuften igennem studiet af naturen. Det havde som en konsekvens, at Guds formål i meget høj grad kunne erkendes, og den højeste og absolutte erkendelse og dermed magt tilhørte dem, der bedst var i stand til at gennemskue disse formål, nemlig kleresiet med paven i spidsen.

Denne form for naturretstænkning gjorde imidlertid bl.a. Luther op med til fordel for det individuelle, *inderlige* Gudsforhold, som altså intet havde at skaffe med (ydre) samfundsforhold. Dels gjorde han op med den, fordi menneskets natur ikke blot er fundamentalt, men helt igennem syndig og derfor ufuldendt, ja simpelthen falden og, set i relation til Gud, et intet, og af den grund ikke er i stand til sand erkendelse, heller ikke af retsforhold, men udelukkende til meninger og tro. Og dels gjorde han op med den, fordi Gudsforholdet, og dermed forholdet mellem det enkelte menneske og de skabte ting og relationer, er en sag mellem det enkelte menneskes tro (eventuelt en frivillig trossammenslutning af mennesker) og Gud og ikke noget, der er bestemt af objektive, almene love og retsregler.

Artiklens forfatter – hvis nærmere religiøse konfession dog ikke fremgår af eller i forbindelse med artiklen – nævner, som historisk og aktuelt belæg for at gøre sig til talsmand for naturretten, dels fortalen fra den middelalderlige *Jyske Lov* fra 1241 – dvs. fra den katolske højmiddelalder og i øvrigt Thomas Aquinas' tid – dels Pave Pius XII

(1876-1958), "der, som enhver ved det, kun arbejder på at skabe fred mellem folkene, og som har krævet, at krigsforbryderne straffes strengt". Men spørgsmålet, der står tilbage, er, i hvor høj grad *luthersk-kristelig* modstand, for hvilken *FF* hovedsagelig er fortaler, legitimt kunne påberåbe sig (en gudgiven) naturret som sit retmæssige grundlag?

Min bedste vurdering er – uden i øvrigt at tage stilling til interne, luthersk-evangeliske, teologiske kontroverser – at en luthersk Gudsforståelse nok kan have et tilstrækkeligt minimum af erkendelse i sig, idet Guds vilje umuligt kan være forkert eller urigtig; den kan med andre ord ikke være *uret*, uanset hvilken beskaffenhed den ellers måtte have. Den kristne kunne af den grund mene sig berettiget til at sætte sig op imod uretten; for hvis Gud ikke vil uretten, kan mennesket heller ikke ville den. Indsigten i, hvad der positivt bestemt er ret, synes imidlertid for størstedelen at måtte overlades til Gud, i hvert fald for så vidt som man vil holde sig inden for den reformatoriske lutherdoms rammer. Mennesker vil være henvist til, fx på demokratisk vis, som jo også er *FF's* udtalte linje, at forsøge sig – *ikke ufejlbarligt* – frem.

I det mindste endnu en betingelse må utvivlsomt være opfyldt for, at lutheranere legitimt kan godtage en gyldig naturret, idet det individuelle forhold til Gud og hans skabninger ikke må elimineres til fordel for et kollektivt, tvangslignende forhold. Det måtte ikke mindst betyde, at modstanden imod den tyske aggressor primært nok var en, givetvis ovenikøbet indlysende, ret, *men ikke i streng, rigoristisk forstand en pligt*, idet den enkelte kunne have gode, personlige grunde til ikke at gøre modstand.

Af danske, reformatoriske teologer, der kan siges at være fortalere for en form for naturlig teologi og naturret, kan i første række nævnes Grundtvig og dennes panenteisme, der hævder Guds samtidige nærvær i alt jordisk og hans transcendens ('fravær') i forhold til dette, samt teologen, filosoffen og modstandsmanden K.E. Løgstrup, hvis skabelsesteologi hævder, at mennesket kan få en erkendelse af Gud ud fra det skabte, ud fra en erkendelse af mennesket og universet.

Når naturretten muligvis står modstandskampen, sådan som billedet af denne tegnes i *FF*, nærmere end Kants moralfilosofi gør det, kunne en grund være, at Kant måske ville tilmåle en naturlig, spontan reaktion på undertrykkelse for lidt i betragtning af sin skepsis over for det naturlige og den naturlige reaktion, der for ham i princippet snarere ville betyde hævn end ret; nok i højere grad end de danske modstandsfolk ville finde berettiget, synes kantianeren at ville 'vende den anden kind til'.

Det må igen påpeges, at modstandsbevægelsen øjensynlig mente at befinde sig i en situation, hvor tvivl på sagens gode karakter endsige dens legitimitet i sig selv var at betragte som en 'modstander' eller forhindring, og i hvilken situation det ydermere gjaldt om at vinde hele folkets utvetydige og helst aktive opbakning. Derfor får en hel del artikler i *FF* i ikke ringe grad præg af en kristelig naturretstanke, der kan bringe mindelser om den katolske uden nødvendigvis at være identisk med denne, og som altså ikke blot vil legitimere, men tilskynde til modstandsvilje.

Hvorfra har mennesker da deres retsbegreb, og hvordan erkendes det, ifølge den her behandlede artikel? De har det, som antydet, fra naturen, nærmere bestemt eller i særdeleshed fra den enkeltes egen natur, dennes eget legeme, vel at mærke når dette er "sundt". Begrebet om ret har sæde i kroppen som en følelse, der er innerveret på samme måde som (de andre) sanser, og som aktiveres, når den påvirkes. Denne følelse eksisterer altså som en retfærdighedsfølelse, der ikke blot har sin plads i det enkelte menneskes legeme, men i det hele, "sunde *folke*legeme" (min kursiv; *PF*). Men, hvilket er vigtigt, retfærdighedsfølelsen er ikke noget enkelt folks privilegium; den må betragtes som universel, ifølge forfatteren, der skriver:

> I overensstemmelse med al sund retfærdighedsfølelse (her-
> hjemme udtrykt i *Fortalen* til *Jyske Lov*) må det sunde folkele-
> geme værge sig mod, at vold og retsløshed får overtaget.
> Straf er ikke hævn, men belæring.

En muligvis medfødt, sund sans og sund fornuft, og altså
vel at mærke ikke irrationalitet, leder ideelt set det "folke-
legeme", der på det nærmeste betragtes som en kollektivt
tænkende og handlende entitet, dersom det er sundt. Ar-
tiklens tilsyneladende 'kollektivisme' synes dog grund-
læggende ikke at gælde andet formål end det at opmuntre
det samlede danske folk til at kæmpe for sin frihed fra den
heteronomisættende og repressive fascistiske okkupations-
magt. Tværtimod har artiklen som hensigt at tage næn-
somt hensyn til det enkelte menneske; den taler skarpt
imod vold og retsløshed og for belæring – der med rime-
lighed lader sig tolke som oplysning, resocialisering og af-
nazificering – som straffens formål, ikke hævn. Og den
slår til sidst fast: "Kærlighed og retfærdighed må være de
to tømmer, der styrer kommende tiders aktivitet".[18]

Ikke blot i den her særligt behandlede artikel, men ge-
nerelt i *FF*, er retsbegrebet det alt overordnede. Det gælder
også diskussionen i *FF* om indførelsen af (døds)straf med
tilbagevirkende kraft; ingen af parterne ønsker at sætte sig
ud over, hvad der må anses for ret. I artiklen *Straffen over
tyskerne* (nr. 17, 25.8.44) mener forfatteren således:

> Nu vil vi i Danmark være fristet til at sige, at vore egne gamle
> straffelove ikke var strenge nok, så nogle nye må laves. For
> eksempel dødsstraf for en lang række forbrydelser. Dette
> princip ville være farligt, for det er ikke retfærdigt at lave
> straffelov med tilbagevirkende kraft. ... Inden for vore nuvæ-
> rende loves rammer må der kunne findes tilstrækkelig
> strenge straffe.

Dette traditionelle og i hvert fald under normale, ordinære

omstændigheder ufravigelige, fornuftige og retmæssige standpunkt modsiges imidlertid ikke uden en vis overbevisningskraft, uagtet om man, som denne forfatter selv, er modstander af dødsstraf, i en anden artikel, *Straffelov med tilbagevirkende kraft* (nr. 13, 8.6.44):

> Sagen er jo den, at Danmark er *afskåret fra at give love, der på effektiv måde kan opretholde retssikkerhed og orden* i landet, det er tyskerne, som har afskåret os derfra. Ville det ikke være ganske urimeligt, om tyske lejesvende skulle tumle rundt i en blodrus og begå det ene mord efter det andet – dels på danske patrioter – dels på sagesløse mennesker – med den garanti, at straffede med døden vil de i hvert fald ikke blive. ... Det er den danske lovgivningsmagt, der engang skal bestemme, hvorledes forbrydelser mod vort land under krigstilstanden skal bedømmes, her slår de nugældende love ikke til. Doktrinen om forbud mod at give skærpende love tilbagevirkende kraft heller ikke.

Reelt bærende argument i ovenstående passage er altså, at man for retsbevidsthedens skyld og af retfærdighedsgrunde efter krigen ville være henvist til at vedtage efter intentionen dækkende love for en tidligere periode, under hvilken hele det danske retsvæsen, al dansk lovgivning og alle dansk vedtagne love samt administrationen af dem realiter var elimineret. Man kunne med andre ord ikke og ville ikke komme uden om efter krigen at vedtage love for en reelt lovløs, heteronomt styret periode; love for *en ny samfundsmæssig situation altså*, for hvilken der under normale tilstande straks i selve situationen skulle have været vedtaget passende love, hvilket man imidlertid var forhindret i under selve perioden, men som altså nu måtte udføres. Misdæderne kunne således ikke henvise til den danske lovgivning, der gjaldt mellem april '40 og maj '45, for den gjaldt netop ikke i realiteten fuldt ud som lov i den periode, men derimod kun for så vidt, som den var sanktioneret af tyskerne, dvs. i stærkt stækket og kun nazistisk acceptabel form, og der var ingen nødvendig automatik i, at den i sin form før april '40 også skulle gælde efter krigen, for situationen var nu en ganske og uforudselig anden end før krigen.

Men man kunne ikke desto mindre spørge, hvorfor situationen under og efter krigen kunne hævdes at være så meget anderledes end før, at man mente sig nødsaget til at vedtage strafskærpende love "med tilbagevirkende kraft"? Sagen var imidlertid den, at en del af de såkaldte landssvigere ikke blot hjalp en fremmed stat med magtudøvelsen i Danmark; de medvirkede aktivt til al friheds knægtelse i landet, ikke (blot) med formelt legale midler, men direkte eller indirekte ved tortur, mord og anden ekstremt alvorlig forbrydelse. 'Landsforræderne' forbrød sig altså ikke blot imod "statens selvstændighed og sikkerhed", som det hedder i den nugældende danske straffelovs *Kapitel 12* ang. landsforræderi, men derudover 'nihilistisk' imod al lov og ret i landet, dvs. ikke kun som 'almindelige' lovbrydere, men tillige som lov*ned*brydere, dvs. som medvirkende til at eliminere al legitim lov og ret i landet i et sådant regimes sold, der de facto overordnet set regerede arbitrært.

Men, hvorom alting er, foregik diskussionen i *FF* om lovgivning med tilbagevirkende kraft altså som en diskussion om, hvad der måtte anses for *retfærdigt*.

Sammenfattende kommentar

På tværs af alle forskelle lader artiklerne i *FF* ingen tvivl tilbage om, at tidsskriftets og modstandsbevægelsens væsentligste, selvforståede grundlag og det, man tilstræbte, ansås for at være retfærdighed. Hovedindtrykket af artiklerne er imidlertid, at man ikke placerer sig farisæisk og med postuleret renhed på en urørlig piedestal, fra hvilket ophøjet stade man hævder egen indiskutable ret- og renfærdighed. Derimod erkender man, at den ret, i hvis navn man kæmper, er en slags 'nødret'; man ombragte stikkere af, som man omtrent opfattede det, blodplettet nødvendighed. Og man tog diskussionerne om lovgivning med tilbagevirkende kraft og om dødsstraf op, havde altså ikke kanoniserede dogmer gældende disse temaer.

Det, der i høj grad er på spil i FF, er uden tvivl en interesse i retfærdighedens 'væsen' og ikke mindst i dens dengang aktuelle konsekvenser.

Retfærdighed måtte indebære straf eller sanktioner, men ikke ud over, hvad der ansås for at være ret og rimeligt. Og man var ikke urealistisk; mere eller mindre rigoristiske krav eller bud som 'Du må ikke slå ihjel' lod sig ikke følge i alle tilfælde, vurderedes det.

Retten til at forsvare sig og kæmpe imod tyranni og undertrykkelse kan synes oplagt for den, der er mere verdsligt opfostret.[19] Slet så klart var det imidlertid ikke for flertallet af FF's forfattere at dømme ud fra artiklernes tendens. Fremtrædende i mange af disse er nemlig argumentationen for så at sige at få modstandens blå stempel fra den Gud og den lutherske (eller i hvert fald kristne) religion, som disse forfattere bekendte sig til. Man plæderede implicit eller eksplicit for – og måtte nødvendigvis selv fælde dommen – en gudgiven naturret, som legitimerede mennesket i kraft af det at være et skabt, jordisk, legemligt væsen til at gøre modstand og om strengt nødvendigt slå ihjel, og man skrev bl.a. imod dét at 'vende den anden kind til' i ethvert tilfælde samt imod et blot personligt og ikke samfundsrelateret Gudsforhold.

Der er næppe tvivl om, at okkupation, autoritært styre, terror, vold, mord og undertrykkelse af alle individuelle, offentlige og politiske rettigheder kan have kondenseret, udkrystalliseret og tydeliggjort, hvad uret essentielt mentes at bestå i og i hvilken retning eller hvilke retninger, bestræbelse for retfærdighed kunne gå. Det retmæssiges værd og beskaffenhed er givetvis gået mere klart op for mange danske dengang, sikkert også for *FF's* forfattere. I hvert fald findes der i artiklerne et seriøst forsøg på at pejle sig ind på retsbegrebet og dets i situationen relevante former samt en fastholdelse af retfærdighedens perspektiv som centralt.

Talen om "folkelegemet" kan synes at pege på, at det danske folk essentielt betragtet er et og udeleligt, og at en form for kollektiv, eventuelt nationalt eller nationalistisk forstået, ret a la den franske filosof Jean-Jacques Rousseaus (1712-78) begreb 'volonté generale', 'almenvilje', således skulle stå over individuelle rettigheder. Dette er der imidlertid ikke belæg for; individuelle rettigheder har klart deres plads i artiklerne, der ikke taler for deres subsumtion under det kollektive. Dertil kommer det begribelige i det i situationen at tale om det danske folk som en kvasikollektiv størrelse, al den stund det var alle danske borgeres landområde, der var blevet besat og alle danskeres borgerlige frihedsrettigheder og politiske rettigheder, der var trådt under fode, og dermed alle danske uden reel undtagelse, der i denne forstand var udsat for undertrykkelse. Dette billede ændres ikke væsentligt og i det større perspektiv derved, at nogle danske høstede deres økonomiske og andre fordele af besættelsen, og andre gjorde tjeneste i nazistiske politienheder, mens atter andre arbejdede for besættelsesmagten uden at være nødsaget til det. Sagen drejede sig i sin substans om, at hver enkelt dansk borger uden undtagelse samt det fælles, danske samfund måtte genvinde sin selvbestemmelsesret, i det mindste så langt dette mål kunne nås ved at skaffe sig af med den fremmede besættelsesmagt og dens diktatur. Alle danske politiske og samfundsmæssige institutioner og enhver dansk borger, således var budskabet, burde i denne forstand bestræbe sig på at genvinde deres frihed og deres egne rettigheder.

Hvis vi igen kort skal tage temaet 'Gud, konge og fædreland' op, så synes det for flertallet af *FF's* forfattere at se sådan ud, at Gud rigtignok er af væsentlig legitimations-betydning; men det helt centrale formål er folkets (eller "fædrelandets") – fælles såvel som individuelle – frihed og rettigheder. Den nationalromantiske tanke om det danske folk som en organisme er ikke dominerende, men er uden tvivl til stede i flere artikler. Mere fremtrædende er dog den i vid forstand liberale tanke om individuelle rettighe-der.

Kapitel 6

Kommunisme og demokrati

Ingen artikler bekender sig eksplicit eller implicit til kommunismen, hvis praksis man forholder sig stærkt kritisk til, men for hvis utopiske og sociale aspekter, der i artiklerne udtrykkes nogen sympati.[20]

En central artikel til begribelsen af holdningen i FF er *Hvordan skal vi møde kommunismen?* (nr. 11, 1.5.44). Den er en prægnant, tids- og situationsbetinget fremstilling af centrale fordele og ulemper ved kommunismen og ikke mindst af dens forskel fra nazismen. Den er forfattet under pseudonymet "Mikkel Vibe"[21].

Forfatteren indleder med at fastslå sin ikke kommunistiske observans: "Der er vist ikke mange her i landet, der er i tvivl om, hvilken fare kommunismen rummer for hele vor kultur, hvis den breder sig over Vesteuropa i sin grelleste form". Men: "Problemet er ikke løst med en simpel, hårdnakket afvisning".

Han går derpå videre med spørgsmålet: "Er nazismen ikke, når alt kommer til alt, at foretrække for kommunismen?" Og han svarer selv: "Vi ynder ingen af delene; lad os sige det klart. Vi nærer det oprigtige håb, at det efter krigen vil lykkes under en eller anden form at genrejse det danske demokrati". Han siger dog ikke desto mindre videre: "Hvis der overhovedet var tale om et valg, er vi ikke i tvivl om, at der i det lange løb er større chance for at skabe en lykkelig samfundsorden under en kommunistisk indflydelse end en nazistisk".

"Mikkel Vibe" begrunder derpå sin påstand. Først karakteriseres nazismen:

Nazismen er i sin grund en satanisk lære, hvis inderste og eneste mål er magtudfoldelse. Over for de demokratiske begreber lighed og frihed sætter den racehadet med dets uhyggelige forfølgelser af ens næste. Hele det nazistiske politiske system er opbygget på førerprincippet, hvilket er ensbetydende med vilkårlighed i administrationen, samvittighedstrang og undertrykkelse af anderledestænkende. Koncentrationslejrene er symbolet på magtudfoldelsen. ... I det ydre ynder nazismen at påberåbe sig et fællesskab med vor af kristendom prægede vesteuropæiske kultur. Men hele den nazistiske lære om race, blod og jord er udtryk for en idéverden, der er diametralt modsat vor. ... Dryp på dryp, liste og luske, det er taktikken. Udadtil: Forsvar for Vesteuropas kultur mod Østens barbarer! Indadtil: Udhuling og forgiftning af den samme kultur. Men intet er så farligt som den modstander, der med et smil ånder sin gift mod den, han vil til livs.

Derpå vurderes kommunismen:

Men er kommunisterne anderledes? Hvad har de ikke på deres samvittighed i Rusland, i randstaterne og andre steder ... ! Vi vil ikke benægte, at russerne har anvendt grusomme midler. ... Vi erkender, at på mange og afgørende punkter kæmper kommunismen *imod*, hvad vi anser for sandhed og ret. ... Men samtidig kan vi ikke lukke øjnene for, at mens nazismen ikke har én tanke, vi kan acceptere, rummer kommunismen en hel del elementer af noget, som også vi med glæde vil se udbredt. Det er fx den grundlæggende tanke om social retfærdighed, om frihed, lighed og broderskab, om opbygning af et samfundsliv, der virkeliggør sådanne idealer. ... Det lykkeligste, der kunne ske for Europa i fremtiden, var, om det kristne demokrati og kommunismen kunne række hinanden hånden til fælles opbygning af et nyt samfundsliv.

Forfatteren opfatter altså på den ene side klart nazismen

som antiutopisk, dvs. uden noget mål om et bedre liv og et bedre samfund for alle mennesker uden undtagelse, men tværtimod som en ideologi og en praksis, der stræber hen imod et samfund uden respekt for menneskeliv. Kommunismens hensigter ses derimod i hvert fald delvis som utopiske, om end dens praksis har vist sig tyrannisk og politisk uforenelig med det, der var dansk demokrati.[22]

"Mikkel Vibe" kalder sig *kristen* demokrat. Han forbinder med andre ord for sit vedkommende demokratiet med kristendommen, men derimod ikke noget sted med kapitalismen. Dette fravær er næppe tilfældigt, men derimod symptomalt, hvad en anden, ligeledes kristent funderet artikel i høj grad synes at bekræfte.

I den anonyme artikel *Kommunisme og ejendomsret* (nr. 20, 14.10.44) tales den (dengang) aktuelle, vestlige, borgerlige form for ejendomsret nemlig midt imod. Forfatteren giver udtryk for, at hvis nogen tror, at det førkommunistiske, kristne Rusland grundlæggende var mere positivt indstillet over for ejendomsretten end den kommunistiske Sovjetunion, så tager man fejl:

> De store russiske tænkere og forfattere som Tolstoj og Dostojevskij, Solovjev og Berdjajev er nøjagtig lige så fjendtligt indstillet over for det borgerlige samfund og dets idé som de russiske socialister og kommunister er.

Og:

> Ejendomsretten er vesteuropæeren noget helligt. Noget, der ikke kan tages fra ham uden kamp. Hele hans moralske ideologi retfærdiggør hans forhold til de jordiske goder. For russeren er det anderledes. Selv i det øjeblik egennytten tager magten over ham, er ejendommen dog aldrig hellig for ham. Han kender ikke nogen retfærdiggørelse for, at han ejer materielle livsgoder, når andre savner.

Om denne karakteristik af det russiske menneske, dets mentalitet, den russiske folkeånd eller hvad man nu vil kalde det, er korrekt eller ej, så får forfatteren frem som sin anskuelse, dels at den kommunistiske *Oktoberrevolution* ikke var noget brud med endsige en forbrydelse mod før-kommunistisk virkelighed og tankegang, for så vidt angår ejendomsretten, og dels at kristendommen og dermed den kristne del af den danske modstandsbevægelse, som i høj grad præger *FF*, slet ikke af ham anses for nogen ubetinget tilhænger af den egoistisk prægede ejendomsret og af den grund ikke nødvendigvis har dennes opretholdelse som et vigtigt formål og derfor et stykke ad vejen vel kan samarbejde med kommunisterne i kampen ikke blot imod nazismen, men også for en ny form for organisering af samfundet.

Forfatteren understreger sin kritik af den 'borgerlige' form for ejendomsret, når han siger:

> I evangelierne er kristendommen ... noget ... om menneskelighed og broderskab, noget om at elske sin næste, noget om at den rige mand og Lazarus skal sidde til bords med hinanden i Guds rige. Kristendommen har akkurat lige så lidt respekt for ejendomsretten som kommunisterne har. Kristendommen har kun respekt for mennesket, medmennesket. Dermed er ikke sagt, at kristendom og kommunisme er det samme. De er på mange måder to helt modsatte ting. Der er kun sagt, at det ikke kan forfærde en kristen at høre, at kommunismen ikke har samme syn på ejendomsretten som kapitalisterne har. Tværtimod. Det kan kun glæde ham.

Forfatteren gør sig ikke til eksponent for en total afskaffelse af ejendomsretten; men den fortsatte beståen af en form for ejendomsret burde ifølge ham i givet fald medføre en eller anden ændring af denne i mere social retning.

En social indstilling er gennemgående i *FF*; man vil stræbe hen imod det fælles gode i en eller anden forstand, der først skal nærmere bestemmes igennem demokratiske processer. I artiklen *Radikalt demokrati* (7, 1.3.44) skriver den ubekendte forfatter:

Uvidenheden om vor næste og vor næstes behov har stærke rødder i vor personlige individualistiske stræb og i de forskellige erhvervs snævre interessekamp og isolerede liv og politik. (…) Det er kun et enkelt forhold. Men allerede det kan give os nok at tænke på og arbejde med. Og et er givet: den virkelig demokratiske løsning på disse forhold opnås ikke ved fortsat politiske eller privatkapitalistiske fordomme imod et økonomisk fællesskab eller en samlet tilrettelægning af produktionslivet til gavn for hele samfundet.

Det er ikke et kommunistisk menneskesyn og samfundssystem, forfatteren taler for – den kommunisme, der ifølge vedkommende "altid har været en udfordring til det demokrati, som aldrig formåede at løse det sociale problem" – men derimod et samfund, der skal finde en rimelig balance mellem individ og fællesskab på et demokratisk grundlag:

> Vi vil, når vi får fred, komme til at stå over for nødvendigheden af en aktiv politik på grundlag af det demokratiske menneskesyn, som forener kærlighed til mennesket med respekten for individet, som forener frihed for hvert menneske med det individuelle ansvar. Et menneskesyn, som vi efter oplevelsen af nazismens menneskeforagt og voldstro føler os knyttet til mere end nogensinde.

At forfatteren imidlertid ønsker noget helt andet i social retning end det danske førkrigssamfund, udtrykker han på denne måde: "Dette menneskesyn må blive revolutionært."

Utilfredsheden med fællesskabsånden og forståelsen af elementære menneskerettigheder (in casu retten til et arbejde) i det datidige, danske samfund er ikke til at tage fejl, heller ikke når det i den ligeledes anonyme artikel *Danmarks sociale skamplet* (nr. 5, 15.2.44) hedder:

> Det er fra et socialt synspunkt en skamplet, når et land ikke sørger for, at alle, der vil arbejde, også kan få arbejde – denne ret er dog den mest elementære af alle menneskerettighederne.

Demokrati er for forfatterne ikke blot en styreform, hvor det så at sige 'gælder om at kunne tælle til 90', men derimod en livsform, et folkets styre og samfund, der er til for hele folkets, dvs. for alle enkeltindividers velbefindendes og velfærds skyld, og som ikke legitimt kan lukke nogen ude, hverken fra deltagelse i den politiske beslutningsproces og regering eller deltagelse i dets samfundsøkonomiske, private eller offentlige, liv. Samfundets økonomiske liv, privat eller offentligt, har ifølge artiklerne grundlæggende alles velfærd som sit formål og ikke primært den enkeltes tilfredsstillelse, velstand eller rigdom isoleret set og helt uafhængigt af andres velfærd.[23]

Kapitel 7

Frit Danmark
&
Folk og Frihed

Det illegale blad *Frit Danmark (FD)* udkom i perioden april 1942-april 1945. Det blev til på initiativ af den konservative (John) Christmas Møller og kommunisten Aksel Larsen, "to politiske modstandere i dansk politik"[24]. Det blev det mest udbredte af de illegale blade med et oplag på 145.000 eksemplarer af de sidste numre. Bladet selv anslår i sit første nummer, at dets linje reelt støttedes af 99% af befolkningen.[25]

Artiklerne i *FD* var under krigen anonyme, og bogen *Det illegale 'Frit Danmark'*[26] fra 1946, hvori af redaktionen anslået 80-85% af artiklerne findes genoptrykt, har bibeholdt denne anonymitet. Redaktionen nævner dog navnene på skribenterne, blandt hvilke tælles forfatteren Kjeld Abell, cand.mag. Elias Bredsdorff, redaktør Kate Fleron, professor Mogens Fog, biskop Skat Hoffmeyer, chefredaktør Børge Houmann, direktør Karl V. Jensen, statsadvokat Carl Madsen, folketingsmand Christmas Møller, chefredaktør Aage Schoch, fagforeningsformand Chr. Christiansen og pianisten Ole Willumsen.

Man ville "samle de kræfter i det danske folk, som stod på et klart dansk standpunkt. 'Frit Danmark' skulle først og fremmest være et blad i den nationale samlings tegn."[27]

Og videre: "'Frit Danmark' repræsenterer alle befolkningslag og alle politiske anskuelser her i landet (undtagen naturligvis landsforrædernes!)"[28] Desuden udtaler man:

> Vi i 'Frit Danmark' indtager den særstilling, at vi repræsenterer en sammenslutning af samtlige antinazistiske kræfter i vort folk, vi omfatter nationale, konservative, liberale, socialdemokratiske og kommunistiske kredse. Vi har set det som vor opgave herhjemme at skabe den samme enhedsfront mod Hitlerregimet, som ude i verden er skabt gennem alliancen: USA-England-Sovjetunionen-Kina.[29]

Bladet ser sin opgave som den at skaffe "reel og rigtig oplysning ud til det danske folk. Vi vil, at alle led i det danske samfund skal stå på sin ret".[30]

Det fremhæves i en artikel, at "den danske frihedsbevægelse kun kender én vej efter besættelsens ophør: den demokratiske, hvilende på landets forfatning".[31]

Man ser "nazismens ødelæggelse" som en væsentlig mulighedsbetingelse for, at "livets høje idealer om frihed og retfærdighed, retsind og hæderlighed, sandhed og ærlighed kan komme til at herske i verden og i vort land".[32] Bladets første nummer afsluttes bl.a. med ordene: "Lad os da anvende vore våben, vore uforgængelige våben, retten, sandheden og vort lune!"[33]

Nogen væsentlig formålets og ideernes uoverensstemmelse mellem FF og FD lader sig vanskeligt afdække. Nuanceforskelle er der dog; FD's artikler har i højere grad karakter af afklarede holdninger end FF's mere reflekterende linje og er udtrykt med større patos. Denne differens kan skyldes en mere emfatisk enhedslinje bag FD, en linje, der utvivlsomt var nødvendig at opretholde uden en diskussion af forskelle i politik, som givetvis ellers nemt kunne have ført til bladets, ja måske hele modstandsbevægelsens, splittelse. FD var som nævnt blevet til i et samarbejde, der omfattede hele det politiske spektrum fra højre til venstre inklusive *Danmarks Kommunistiske Parti*, mens *FF* dels var uden partitilhørsforhold, dels var kritisk, men dog ikke uforsonligt i forhold til kommunisterne.

Der synes desuden generelt i *FD* at være en mere kategorisk tone og mere håndfast opfattelse af, hvad der var ægte dansk og af, hvem der var ægte danske. En årsag hertil kunne være den, at *FD* hovedsagelig var præget af dels værdikonservativ ideologi, der traditionelt opfattede folket som en organisme, i hvilken individerne var (med)lemmer, dels af kommunismens bærende kollektivistiske opfattelse af folkets entydige, enhedslige interesse i oprettelsen af et kommunistisk samfund.

Et konkret eksempel på konsekvensen af sådan holdning i *FD*, hvis skribenter stort set tilhørte samfundets øvre segmenter eller dets intelligentsia, drejer sig om de arbejdsløse, der nødtvungent måtte rejse til Tyskland for at tjene deres og familiens brød. Angående dette siges det:

> Enhver arbejder, der bliver fristet, presset eller truet til at tage arbejde i Tyskland eller Norge må betænke, at selv det største offer ikke er for stort, når det gælder Danmarks nationale sag, og at det netop er den enkelte, der skal yde en indsats. Den, der tager arbejde i Tyskland eller Norge, hjælper Hitler og nazismen, og han falder sit fædreland i ryggen.[34]

Ægte dansk synes man således kun at være, dersom man vægrede sig ved sådant arbejde. Nationen står ifølge artiklens logik ubetinget over alt, også den enkeltes liv, og nationen bestemmer desuden, hvad den enkelte bør gøre. Men måske nationen snarere burde have sørget for, at ingen kom i en sådan ulykkelig situation at måtte sige ja til at arbejde i Nazi-Tyskland, kunne der indvendes imod denne opfattelse. Hvem svigtede/havde svigtet hvem i grunden?

En artikel af en, som redaktionen skriver, "kendt præst i Folkekirken" uddyber det religionsfilosofiske grundlag for dén kristent funderede eller inspirerede modstand imod den nazistiske besættelsesmagt, som også *FF* i det mindste delvis var talsorgan for. Han påpeger den kirkens forskel til nazismens ideologi, at ifølge denne sidste skulle kirken som alt andet tjene staten, dvs. føreren, Hitler, og ikke Gud:

> Den danske kirke er jo *kirke*. Den tjener *Gud*. Og nu kom nazismen og sagde, at den skulle tjene *staten*. Staten var jo totalitær; den ville ha' sine borgere ikke blot med hud og hår, men med sjæl og sind. (...) Allerede apostlene sagde: man skal adlyde Gud mere end mennesker.[35]

Forfatteren anfører centrale punkter, på hvilke kirken og nazismen afveg fra hinanden:

> ... dens (nazismens) raceteori stred mod kristendommens lære om alles lighed for Gud; dens teori om det nordiske menneskes fortræffelighed stred mod kristendommens tale om, at vi alle har forbrudt os mod Guds bud; dens teori om det oprette og heltemodige menneske stred mod evangeliets budskab, som et menneske må finde sig i at modtage som en ufortjent gave.[36]

Og han karakteriserer nazismen som ikke bare ikke en ny religion, men som "det rene djævelskab"[37].

På trods af denne nazismekritiks utvivlsomt grundlæggende berettigelse kan der ikke desto mindre indvendes imod den, set i en slags nutidigt 'oplysningsfilosofisk' perspektiv, dels at menneskelig beskedenhed er mulig uden at anerkende menneskets helt igennem syndige væsen, dels at fornuften ikke er helt afmægtig, men også er i stand til at se sin egen begrænsning og fejlbarlighed, samt dels at det gode, jordiske liv ikke lader sig afskrive som umuligt at fremelske uden overmod, naivitet og dogmatisme. Derudover kan det problematiseres, at nazismen gøres til "djævelskab", i den udstrækning denne tanke kan terminere i en godt/ondt-dualisme, i forhold til hvilken man selv bliver det ubetinget godes repræsentant.

Også spørgsmålet om kirkens forhold til politik kommer forfatteren ind på:

> ... præsterne skal jo ikke tale politik fra prædikestolen. Nej, det skal de ikke. Men det, som tyskerne laver her i landet, har virkelig heller ikke noget med politik at gøre. Derimod har det noget med vold, uret og løgn at gøre. Og præsterne er sat til at tale om Guds Bud, og de går bl.a. ud på retfærdighed og sandhed.[38]

Den bærende tanke i citatet er, at rigtignok skal den lutherske lære om "de to sværd", hhv. den religiøse og den verdslige sfære, respekteres af præsten og den kristne; men forudsætningen for respekt i forhold til den verdslige magthaver er, at denne ikke sætter sig ud over al lov og ret.

Kapitel 8

Kirkens Front
&
Folk og Frihed

Tidsskriftet *Kirkens Front (KF)* udkom illegalt ca. en gang om måneden fra juli 1943 til maj 1945, derefter legalt. Det var primært skrevet for de danske præster, men havde ifølge egne oplysninger hen mod krigens slutning ca. 100.000 læsere.

Bladet ville dels oplyse "ikke blot sagligt, men også grundigt" om, hvad der foregik, dels ønskede bladet at give udtryk for kirkens stilling til samtidens og fremtidens problemer ud fra "den kristent-humanistiske livsanskuelse ('de nordiske retsbegreber')", imod hvad man kaldte "den hedensk-materialistiske livsanskuelse (nazismen)".[39]

KF's anskuelsesmæssige fundament er således eksplicit kristent-kirkeligt, hvilket ikke er tilfældet for *FF*, der, skønt i betydelig grad kristeligt præget, er bredere anlagt og i intentionen mere rent oplysende på antinazistisk og antifascistisk grund.

Der synes dog immervæk hovedsagelig at være en høj grad af anskuelsesmæssig overensstemmelse mellem artiklerne i *FF* og *KF*, i det mindste med hensyn til et kristent udgangspunkt og med hensyn til modstandens overordnede formål, og derfor vil fra sidstnævnte tidsskrift kun en enkelt artikel, der er af vigtighed med henblik på at afdække og belyse forskelle bladene imellem, blive taget nærmere i øjesyn.

I artiklen *Kirken og tidens magter*, som udgør det meste af bladets nr. 10, og som kan kaldes et teologisk-historie-teoretisk grundlag for *KF*, vil den anonyme forfatter bl.a. kort gøre rede for de idéhistoriske betingelser for den nazismes opkomst, for hvilken "staten blev Gud!"[40]

Ifølge forfatteren begynder udviklingen herhenimod i 1700-tallet, i oplysningstiden, da "mennesket søgte at blive sin egen herre". Dog anerkendte man, siger forfatteren, et stykke tid endnu normer som "sandhed, kærlighed og retfærdighed. Men lidt efter lidt faldt disse normer væk", og så

> blev samvittighed, bud og idealer erstattet af nøgne drifter og naturlige instinkter. ... Så endelig så vi det nye menneske: det frie, naturlige, stærke menneske, der havde brudt båndet til den gængse moral, og som anså kærlighed og barmhjertighed for at være umandig veghed.

Men også det nye menneske, hævdes det videre, måtte have autoriteter, således – den ene efter den anden – "den stærke mand, staten, folket, blodet og racen. ... Og endelig kom krigen, krigen, der er 'et nødvendigt udtryk for et folks livsvilje og kraft'".[41]

Forfatteren hæfter ikke bestemt adresse på sin kritik af den historiske udvikling, der derimod er en postuleret beskrivelse af den generelle retning, som historien har taget, i hvert fald siden 1700-tallet.

For så vidt som forfatterens kritik imidlertid gælder lødig oplysningstænkning fra 1700-tallet og frem, rammer den ikke plet; denne var ikke et opgør med autoriteter i almindelighed, men udelukkende med de falske.

Endvidere forekommer karakteristikken af nazismen at være reelt misvisende, når denne af forfatteren forbindes med frihed og naturlighed; langt snarere er den hele vejen igennem grundlæggende karakteriseret ved ekstrem bestræbelse på orden, disciplin og undertrykkelse af ikke mindst menneskets egen natur, er karakteriseret af offer og afkald, især i krigens interesse. Ganske vist findes der i nazistisk ideologi en vis påkaldelse af naturen; substantielt består denne imidlertid i dyrkelse af den stærke natur, af 'rovdyrnaturen' i det totalitære systems tjeneste snarere end den harmløse husdyrnatur, som den tyske filosof Theodor W. Adorno gjorde opmærksom på. I meget kort og generelt begreb kan man udtrykke det sådan, at i og med nazismen rebellerer en undertrykt, rasende, 'dæmonisk' (menneske)natur, som de facto antager skikkelse af en endnu mere knægtet natur.

Altovervejende stemmer artiklen på disse punkter ikke overens med FF, hvis tendens i betydeligt højere grad må siges at være oplysnings- og naturvenlig.

Den historiske sekulariseringsproces, som forfatteren kritisk tematiserer, og som den historiske oplysningstid rigtignok bidrog stærkt til, kan kristendommen selv dårligt sige sig fri for medfadderskab til. Således har lutheranismens henvisning af troen til det rent personliges sfære og dens komplementære anvisning af samfundsanliggenderne på strikt verdslig beslutning og lovgivning medvirket hertil i betydelig grad. Menneskets historiske forsøg på i det mindste siden 1700-tallet at "blive sin egen herre", kan således hente begrundelse i såvel kristendommen som oplysningstænkningen. Hverken kristendommen eller oplysningstænkningen er imidlertid entydige på dette punkt, idet ingen af dem nødvendigvis udelukker menneskets teoretiske og praktiske, intellektuelle og fysiske begrænsning.

Kapitel 9

Afslutning

Folk og Frihed har mottoet "Det er hverken rådeligt eller ufarligt at handle mod samvittigheden"[42], der tilskrives "Luther i Worms".

Mottoet betyder, at den modstand, der skal ydes imod den tyske besættelsesmagt, har sit legitimationsgrundlag i samvittigheden, og sikkert ikke mindst i den kristnes samvittighed, *som bør følges, uanset hvad loven, være sig dansk eller tysk, måtte have at sige, når loven er i klar modstrid med samvittigheden.*

Samvittigheden, der er fundamentet for begreberne om ret og rimeligt, forekommer overvejende af skribenterne at opfattes som skabt med og ind i menneskets natur og virker i princippet i høj grad spontant.[43] Der kan dog øjensynlig opstå større eller mindre forhindringer eller hæmmende indflydelser for spontaniteten i praksis som eksempelvis nazistisk propaganda, mangel på oplysning eller geografisk afstand til besættelsesmagten (her tænkes ikke mindst på dele af landbobefolkningen); i høj grad derfor må modstanden begrundes med ideer og argumenter.

Et centralt, 'skabelsesteologisk'[44] argument – men vel at mærke ikke nødvendigvis gyldigt eller selvforstået for alle skribenter i *FF* – for denne opfattelse af samvittighedens karakter er, at mennesket er skabt af Gud med den så at sige forpligtende ret til at modsætte sig 'det onde', uretten. Gudsforholdet er således ikke kun af rent personlig karakter, men anses for at burde medføre et socialt engagement

71

i en eller anden form, in casu aktiv eller passiv modstand imod den nazistiske okkupationsmagt.

Bestræbelsen på at handle ret eller snarere at bekæmpe uret er følgelig alfa og omega for forfatterne; således anses hævnaktioner for at være anatema som handlingsgrundlag. Bl.a. terror, vilkårlig vold, mord, deportation af jøder, undertrykkelse af frihedsrettigheder og folkets selvbestemmelse nævnes som former for den uret, der uden reservation bør bekæmpes. Afvisningen af politikformer defineret ved 'magt er ret' og af den praksis, der formuleres i talemåden 'hensigten helliger midlet'[45], impliceres desuden af denne retsbestræbelse.

Samvittigheden anses imidlertid ikke blot for at tilhøre det enkelte menneske; den har tillige en art kollektiv, fællesmenneskelig dimension, ifølge den fremherskende opfattelse i artiklerne. Det danske folk kunne på denne baggrund forventes at reagere på relativt homogen måde i forhold til den besættende og undertrykkende fjende, der utvetydigt havde uretten på sin side. Imidlertid var dette ikke faktuelt tilfældet i nær så høj grad, som FF's forfattere kunne ønske sig. Derfor så man sig tilsyneladende henvist til teoretisk at fremstille det, man anså for det 'genuine', danske folk, så at sige idealtypisk, sådan at det mønstergyldige ved det stod klart for de potentielle, (endnu) tøvende modstandsfolk. Og "folket", det, man anså for det 'ægte' folk, blev, delvis som en art model for den modstandsparate dansker, ikke mindst repræsenteret ved den jævne, eventuelt lidt naive, ikke intellektuelle, og slet ikke "humanistiske", tvivlende og skeptiske mand (eller kvinde), der reagerede spontant på urettens tilstedeværelse i landet uden videre betænkeligheder eller overvejelser, og som uden tanke for eget liv gjorde modstand. Men ingen danske, uanset etnisk herkomst eller religiøs konfession, var vel at mærke på forhånd udelukket fra deltagelse i modstanden eller udelukket fra 'folket'.

Det må pointeres, at den formodet 'kollektive samvit-

72

tighed' utvivlsomt primært gjaldt reaktionen på uretten langt mere end positive, kollektive samfundsmål og mål for den enkeltes private tilværelse; disse mål måtte bero på individuel bestemmelse respektive medbestemmelse.

Handlingen og kampen har en særdeles fremtrædende plads i centrale artikler i *FF*. Og det kan ofte virke, som om kampens handling i en eller anden form som resultat af et 'etisk' valg i høj grad realiter får rang af mål i sig selv eller bliver indikator for, at det rette valg er truffet.[46]

Befolkningen i Danmark uden undtagelse og dens frihed og velfærd er af helt afgørende betydning for skribenterne i *FF* – bladets titel minder ligeledes emfatisk læseren om dette. Der er i tidsskriftet i altovervejende grad tale om eller ment folket forstået som enkeltindivider i samfundet snarere end som et enhedsligt kollektiv, der er overordnet disse, og som den enkelte ubetinget har at rette sig efter. Ikke desto mindre er fællesskabstanken og social ansvarlighed ikke nogen substansløs festtalefloskel i skriftet; den anses derimod i allerhøjeste grad for forpligtende. Det er ikke kun den enkeltes egen, men også de andres rette anliggende, den samvittighedsfulde handling vil sigte imod, og på ingen måde den form for det enkelte individs eget velbefindende og egen velstand, der forholder sig ligegyldigt eller ligefrem dominerende over for medmenneskene. En vis sympati for utopiske momenter i kommunismen finder man derfor i *FF*, men rigtignok ledsaget af kritik af sovjetkommunistisk praktiseret diktatur, undertrykkelse, mord og terror.

Ser man de i *FF* fremstillede, fremherskende holdninger i et mere alment, filosofisk perspektiv, kan der sættes nogle spørgsmålstegn.

Man kan for det første nævne artiklernes stærke betoning af handling. En konsekvens af sådan betoning kan i en anden sammenhæng fx udlæses af den franske filosof Jean-Paul Sartres lille, af hans krigserfaringer påvirkede manifest *L'Existentialisme est un humanisme (Eksistentialis-*

73

men er en humanisme) fra 1946. Sartre fremhæver umuligheden af at træffe et fornuftigt begrundet valg for i stedet decisionistisk at udpege den enkeltes handlekraftige beslutning som basis for aktion. Sartre troede imidlertid hverken på Gud eller fornuftig indsigt som rettesnor, så den ene praksisanviste beslutning er følgelig for ham at se lige så god som den anden. Sartre selv valgte dog for sit eget, personlige vedkommende modstanden imod den nazistiske besættelsesmagt.

Imidlertid er den generelle selvforståelse hos skribenterne i *FF* med hensyn til handlingen og kampen uden tvivl den, at den begrundes i nazisternes overgreb imod lov og ret i landet. Og således forstået er den langt fra fx den futuristiske erklæring, at krig er "verdens eneste hygiejne".

Skellet mellem godt og ondt trækkes på dualistisk og dikotomisk vis ofte temmelig hårdt og unuanceret op i *FF*, hvilket i hvert fald delvis kan hænge sammen med den fremherskende kristne grundopfattelse. Men på den måde fik man på den anden side i situationen givet klart og utvetydigt udtryk for sit krav om, at besættelsesmagten skulle fjernes fra landet.

En bemærkning om en mulig, situationsbetinget, modificeret 'dæmonisering' af fjenden i *FF* skal indskydes. Det afgørende for forståelsen af denne mulige dæmonisering er artiklernes de facto eller de jure differentiering i begrebet 'fjende'. Fjenden var for modstandsbevægelsen, sådan som det turde fremgå af *FF*, primært lig med dennes udførte handlinger, hans nazistiske praksis og *ikke hans (biologiske eller anden art) person eller habitus*. Det 'dæmoniserede' var således altovervejende de nazistiske handlinger som mord, tortur og terror foruden nazistisk og fascistisk ideologi i dens egenskab af tilskyndelse til sådan handling. Personen ansås altså ikke i sig selv for 'dæmonisk', ansås ikke for slet og ret en inkarnation af 'Det Onde Selv' fx som følge af biologisk determination.

En vis romantisering af det danske folk – dog iblandet realisme og skepsis – især af den jævne, virksomme og jordbundne mand og kvinde, findes også i FF. Under ideelle omstændigheder ville folket ufortøvet gå til modstand, når dets frihed blev trådt under fode, mente man. For bl.a. mange bønder og humanistiske akademikere fandtes de ideelle betingelser imidlertid øjensynlig ikke i tilstrækkelig grad. Romantiseringen af folket kommer dog de facto antagelsen af en kollektiv bevidsthed nær – dette lader sig vel for så vidt forstå i situationen set i lyset af, at det i første række gjaldt mobiliseringen af befolkningen imod besættelsesmagten, mens det ikke uden videre kan anses for foreneligt med det ønske om (genvindelsen af) individuel autonomi, der ellers skinner igennem som et centralt formål i og for FF.

En yderligere, generel anke imod en hovedtendens i artiklerne kan rejses imod den mangelfulde historisering af centrale begreber til fordel for en tendens til deres naturalisering, eksempelvis af begreberne samvittighed og folket, der i artiklerne nok i mindre grad fremtræder som historisk tilblevne og i højere grad som ahistoriske, 'metafysiske' størrelser. Forholdet imellem det historiske og det medfødte, uforanderlige er dog ikke fuldstændig afklaret i artiklerne. Men det må igen påpeges, at, uagtet tendensen til at naturalisere 'folket' og dets retsfølelse, så er begrebet om 'folket' ikke ekskluderende, idet retsfølelsen anses for universel.

Agitation

Ud af FF's artikler lader der sig fremlæse en implicit ideologi (med variationer) indeholdende ikke mindst kristne, sociale, liberale, konservative og nationale elementer. Ideologien kan kaldes eklektisk, den kan kaldes udogmatisk eller i sig selv kompromissøgende inden for det antifascistiske, antidiktatoriske og antitotalitære tankespektrum.

Ikke mindst er bladet imidlertid entydigt antifascistisk og antinazistisk. Man agiterer utvetydigt for modstand og kamp imod den nazistiske besættelsesmagt. Nazisterne selv kommer ikke til orde i skriftet, ej heller tilmåles nazismen mange nuancer. Og var de enkelte ikke aktivt eller passivt imod nazismen, ansås vedkommende for at være for den, tertium non datur – dog giver artiklerne det indtryk, at der generelt for skribenterne at se i praksis var vide muligheder for den passive modstand, gående helt til dét blot i videst muligt omfang ikke at samarbejde med besættelsesmagten.

Mht. den nazistiske sag var der intet formildende at hente i *FF*. Eksempelvis det, at naziregimet i Tyskland sandsynligvis var et reelt, om end voldsomt fordrejet, forsøg på at bringe orden i et kaotisk tysk samfund, samt det, at nazistisk eller fascistisk, autoritær socialkarakter trods alt nok kunne tydes som en, om end utvivlsomt 'dæmonisk' og ubevidst, bestræbelse i den enkelte på et godt liv og samfund, blev ikke så meget som antydet i *FF*. Nogen egentlig analyse af nazismens teori og/eller praksis gives således heller ikke i *FF*.

FF tog i sin udgivelsesperiode (november 1943 – maj 1945) parti imod samarbejdspolitik samt pacifisme og neutralitet hos den enkelte. Og man tog parti for demokratiet, øjensynlig i grundtræk som man kendte det fra før krigen, og imod diktatur også af sovjetisk støbning.

Det grundlæggende, selvforståede standpunkt, nemlig velforstået, *retfærdig modstand* imod nazismen, var det principielt urokkelige fundament for agitationen.

Litteratur

Buschardt, Leo, Albert Fabritius, Morten Ruge og Helge Tønnesen, red. (1965): *Den illegale presse 1940-45. En antologi*. Kbh.

Folk og Frihed (1943-45), nr. 1-27.
In: dels Sydvestjyske Museers arkiv, dels Det Kgl. Biblioteks (Kbh.) digitaliserede udgave (2015): https://rex.kb.dk/primo-explore/fulldisplay?docid=KGL01009167232&context=L&vid=NUI&lang=da_DK&search_scope=KGL&adaptor=Local%20Search%20Engine&tab=default_tab&query=any,contains,Folk%20og%20frihed&sortby=rank&offset=0

Folk og Frihed (1945a), nr. 28-40.
In: Det Kgl. Biblioteks (Kbh.) digitaliserede udgave (2015): https://rex.kb.dk/primo-explore/fulldisplay?docid=KGL01009167232&context=L&vid=NUI&lang=da_DK&search_scope=KGL&adaptor=Local%20Search%20Engine&tab=default_tab&query=any,contains,Folk%20og%20frihed&sortby=rank&offset=0

Folk og Frihed (1945b): *Der brænder en Ild*. Kbh.

Frit Danmark (1946): *Det illegale 'Frit Danmark'*. Kbh.

Hessellund, Birgit og Bent Holm: Futurisme i *Den Store Danske*, Gyldendal. Hentet 14. juni 2019 fra http://denstoredanske.dk/index.php?sideId=80913

Houmann, Børge, red. (1979-97): *Det illegale Land og Folk og andre publikationer fra Danmarks Kommunistiske Parti*, bd. 1-5. Kbh.

Jørgensen, Jørgen, red. (2018): *For folkets frihed. Martin A. Hansen og besættelsen*. Kbh.

Kirkens Front (1943-45):
https://rex.kb.dk/primo-explore/fulldisplay?docid=KGL 01009167821&context=L&vid=NUI&lang=da_DK&search _scope=KGL&adaptor=Local%20Search%20Engine&tab= default_tab&query=any,contains,kirkens%20front&sortb y=rank&offset=0

Koch, Hal (1995): *Hvad er demokrati?* Kbh.

Nissen, Henrik S., red. (1994): *Kære Hal. Kære Koste. Breve 1940-43 mellem K.E. Løgstrup og Hal Koch.* Aarhus

Nørregaard, Hans Christian: Vitalisme – kunst i *Den Store Danske*, Gyldendal. Hentet 4. juni 2019 fra http://denstore-danske.dk/index.php?sideId=275509

www.kristendom.dk/julekalender-2015-jesu-lignelser/x-december-lignelsen-om-de-ti-brudepiger

www.wikisource.org

Om begrebet landsforræderi

Refleksioner over og perspektiver på
et aspekt af
retsopgøret efter besættelsen 1940-45

A. Eksposition[47]

1. Indledende bemærkning

Denne artikel, der er filosofisk og idéhistorisk lagt an,[48] fremstiller en fortløbende undersøgelsesproces fra initialovervejelser til en afklaring. Det betyder, at der i fremstillingens forløb, på dette filosofisk og idéhistorisk temmelig jomfruelige felt, foretages præciseringer af begrebsindhold og dettes sproglige form.

2. Om det prekære ved artiklens perspektiv

Man skal lede længe for ikke at sige forgæves efter begrebet landsforræderi i idéhistorien. Og det ikke mindst på trods af, at tænkere har opstillet positive begreber om nationen, folket og den enkelte borgers mere eller mindre stærke, *organiske* tilhørsforhold til sådanne overindividuelle størrelser igennem sprog, historie og kultur. Dette er især tilfældet inden for eller omkring 1800-tallets filosofiske romantik hos bl.a. tyskerne Johann Gottfried von Herder (1744-1803) og Johann Gottlieb Fichte (1762-1814) i dennes *Reden an die deutsche Nation* (1808), og i Danmark er N.F.S. Grundtvig (1783-1872) eksponent for en tilsvarende bestræbelse, ligesom det må siges at være en bestræbelse i konservativ politisk ideologi hos bl.a. briten Edmund Burke (1729-1797), tyskeren Adam Müller (1779-

1829) og franskmanden Joseph de Maistre (1753-1821).

Men også i den mere oplysningsorienterede, liberalistisk sindede tænkning, sådan som den bl.a. kommer til udtryk i den amerikanske *Uafhængighedserklæring* af 1776, og som betoner *kontrakten* om rettigheder mellem borgerne indbyrdes og mellem disse og statens styrelse som et lands eller et samfunds fundament, finder man forsøg på så at sige positivt at bestemme, hvad der legitimt konstituerer et land.

Landsforræderibegrebet, som det ellers kunne synes rimeligt at behandle i forbindelse med sådanne teorier, er der derimod en talende tavshed omkring. Og alene denne tavshed kan forekomme at tale sit tydelige sprog om, med hvilken alvor og vel nok afstandtagen landsforræderi ikke blot idéhistorisk, men overhovedet historisk, er blevet betragtet!

Hvorfor imidlertid denne historiske og aktuelle, manglende tilstedeværelse af begrebets tematisering?

Som svar på det spørgsmål er min tese (her dog fremsat stærkt kondenseret), at *et genuint filosofisk perspektiv* er væsentligt inkluderende og ikke dømmende endsige straffende. Man kunne sige det på den måde, at filosofien alment er forsøget på en sammenfatning, på at begribe alle (mennesker) sammen uden at eliminere det individuelt forskellige, på at omfatte/fatte om alle og altså ikke lukke nogen ude, den er forsøget på at begribe/gribe alle uden undtagelse. Det filosofiske perspektiv forsøger i sig primært at være forsonligt i forhold til alle enkelte mennesker og søger på sit teoretiske, begrebslige gebet oplysende at 'bistå' enhver person, hvorimod straffedommen grundlæggende ikke er filosofiens sag.[49] Sat på spidsen: et filosofisk relevant begreb om landsforræderi må forsøge at anvise en vej hen imod landsforræderes forsoning med resten af samfundet og vice versa. Hvilket imidlertid ikke har som konsekvens, at filosoffen, hverken i denne teoretiserende egenskab eller som almindelig samfundsborger, principielt ikke anerkender sådan forbrydelses realitet og dens strafværdighed eller i det mindste dens uretmæssighed. Dog er det vanskeligt at få øje på en filosofisk argumentation for dødsstraffen; en (ikke filosofisk) argumentation herfor måtte i givet fald være fremkaldt af pragmatiske, aktuelle, samfundsmæssige hensyn, måtte samvittighedsfuldt være udtryk for situationsbetinget politik og jura.

En filosofisk, aktuel bestemmelse af landsforræderibegrebet må altså på münchhausensk vis 'hive sig selv op ved hårrødderne' i den forstand, at et projekt af en sådan beskaffenhed paradoksalt nok vil have svært ved med føje at kalde sig filosofisk! For at dette forehavende imidlertid muligvis alligevel i en eller anden form skulle kunne lade sig gennemføre, må fænomenet landsforræderi transformeres og begribes i en kritisk forsonligheds optik.

3. Landsforræderibegrebet I
Første forsøg

Landsforræderi lader sig for en første betragtning bestemme som en ekstrem grad af eller form for det at stille sig i et andet lands, andre landes eller en anden betydelig og potentielt eller aktuelt imod eget land suverænitets- og integritetstruende magts tjeneste samt som det *at have udøvet* sådan ekstrem tjeneste imod det land, i hvilket den pågældende person, der påstås at have begået landsforræderi, har statsborgerskab eller i tilstrækkelig grad og omfang har tilsvarende borgerrettigheder. Primært må det være *selve udøvelsen* af nævnte tjeneste, der er afgørende for, om der kan være tale om fuldbyrdet landsforræderi.

Af afgørende vigtighed herfor må desuden være bestemmelsen af et land i forbindelse med begrebet landsforræderi, eller rettere: afgørende vigtigt her er svaret på spørgsmålet om, med hvilken bemyndigelse en befolkning eller en statsmagt i et givet, afgrænset geografisk område kan hævde sin suveræne bestemmelses- og lovgivningsret over dette område og dets befolkning. (Territoriale uoverensstemmelser lande imellem vil ikke blive tematiseret i dette skrift).

Ville det mon således overhovedet være muligt med rette at kalde en tysk statsborger, der måtte være gået *De Allieredes* ærinde før og under krigen, for landsforræder? Det må anses for meget tvivlsomt, om den nazistiske statsmagt havde tilstrækkelig legitimitet til berettiget at kunne anklage og dømme nogen af landets borgere for landsforræderi. At et land er i stand til at legitimere sin suveræne, interne bestemmelsesret, synes således helt afgørende for, om nogen borger i princippet med rette ville kunne dømmes for landsforræderi eller det, der svarer hertil.

Et land, hvis styre ikke er funderet på retsprincipper og retstænkning, turde således *dårligt på legitim vis*, om end nok faktisk statsinternt og formelt legalt, i sin egen lovgivning kunne operere med begrebet landsforræderi som noget strafbart eller uretmæssigt.

Er denne antagelse rigtig, kan et land udelukkende i sin lovgivning legitimt kalde noget landsforræderi eller tilsvarende samt anse det for strafbart eller uretmæssigt, dersom en sådan forbrydelse antaster landets fundamentale og uden for berettiget tvivl gyldige retsprincipper i form af fx frihedsrettigheder og lighed for loven samt den retspraksis, der følger heraf.

Da et lands på retstænkning og -praksis funderede lovgivning og dennes grundsætninger immervæk altid principielt må anses for *ufuldstændige, foranderlige og mulige at forbedre* i henseende til det til enhver tid retmæssige – fx er retten til arbejde for enhver, som er udtalt i *FN's Menneskerettighedserklæring* af 1948[50], ikke implementeret i dansk lovgivning endnu i dag endsige praktiseret – må en lovparagraf ang. strafbarheden eller uretmæssigheden af landsforræderi også tage den eventuelle, principielt evidente *urimelighed* af en hævdet landsforræderisk handling i betragtning, idet intet lands lovgivning kan gøre krav på sin absolut retfærdige beskaffenhed. Det kunne eksempelvis dårligt for en dansk (eller dansk bosiddende) borger anses for rimeligt at stille sig i tjeneste hos en magt som den tyske nazistiske, der notorisk undertrykte enhver frihedsrettighed, imod en dansk stat og et dansk samfund, der var folkestyret og baseret på individuelle rettigheder og disses eventuelt fremtidige forbedringer, om end landet altså næppe kunne anses for fuldkommen ideelt indrettet, heller ikke hvad angår lov og ret.

Ekskurs:
Knud Nordentofts selvforstået positive forestillinger om besættelsesmagten[51]

Her må det bemærkes, at denne artikels forsøg på så vidt muligt at opstille et objektivt – men dog historisk sensitivt – begreb om landsforræderi selvsagt ikke betyder, at dette begreb svarer til det eller de forestillinger eller tanker, som indehavedes af personer, der på den ene eller anden måde kan siges at have haft et løsere eller tættere tilknytningsforhold til besættelsesmagten eller på anden vis var tilhængere af eller sympatisører med denne.

Forfatteren og landsretssagføreren Knud Nordentoft (1895-1953) meldte sig ind i *DNSAP* i 1940 og blev dér ansat som partifunktionær.

Nordentoft så Danmarks og sin egen personlige fremtid som skæbnebestemt og som gjort nødvendig, nemlig af Tysklands sandsynlige sejr. I sin dagbog skriver han 13.10.41:

Samtlige vi tyskorienterede danske (partimedlemmer i *DNSAP* eller ikke?) – er utvivlsomt hæderlige foruden frem-

skuende, idet vi ser, at Tyskland efter al menneskelig sand-
synlighed har sejret over England og Rusland, og dette er
Danmarks skæbne, som vi bør hjælpe det med at indrette sig
efter.

At vi hver for sig – mer og mindre – samtidig har måttet
knytte vor personlige skæbne til denne kamp, er simpel men-
neskelig nødvendighed. I dag kæmper vi altså også for os
selv. Går tyskerne ned, vil vi blive meget hårdt straffede af
det sejrende engelsk orienterede Danmark – sikkert meget
mere end vi ville straffe ret mange, når vi sejrer.[52]

Nordentoft henviser her relativt lidenskabsløst til, at nød-
vendighed og (næsten, men øjensynlig alligevel ikke helt)
uafvendelig skæbne tilsiger danskerne at slutte sig til den
tyske besættelsesmagt. Ideologien kan siges her at befinde
sig noget i baggrunden, om end Nordentoft også kalder
sig selv og andre for "tyskorienterede".

Bag Nordentofts ræsonnement som noget utvivlsomt
helt fundamentalt ligger desuden ideen om 'den stærkeres
ret'; Tyskland havde vist sig stærkest, ergo krævede dette
faktum underkastelse. At det forholdt sig således med
Nordentofts idégrundlag, verificeres af Arne Hardis, for-
fatteren til bogen om Nordentofts dagbog, når han koncist
anfører: "... den rette moral var ifølge Nordentofts moral-
opfattelse (formuleret i 1935) den, der sejrede".[53]

Tilpasning, effektivitet og pragmatisk illusionsløshed
kan således hævdes at være væsentlige karakteristika for
Nordentofts måde at tænke det politiske-ideologiske på så
vel som uden tvivl for en del ligesindedes dengang; uto-
pisk tænkning og håb om at gøre verdens indretning
grundlæggende bedre for alle mennesker uden undta-
gelse kan derimod dårligt siges at være et ærinde for Nor-
dentoft – eller i øvrigt for nazismen som sådan for den sags
skyld.[54] Når Nordentoft således (i bogen *Moral*, her citeret
efter Hardis) angiveligt giver udtryk for at ville "forbedre
folkestyret", fremgår det, at det tydeligvis primært er af
effektivitetsgrunde:

Fremtidens forbedrede folkestyre kommer måske som en krydsning mellem parlamentarismen og partistyret i nazi-fascist-sovjet-staterne? Formålet er jo ikke, at alle mennesker skal styre sig selv, men at der skal styres i alle menneskers interesse, og dermed spildes så lidt tid og vrøvl, som det er muligt, for alle mennesker.[55]

Formålet med den formodede forbedring af folkestyret anså Nordentoft således øjensynlig primært for at være elimineringen af spildtid og af unødvendig snak ("vrøvl"), skønt rigtignok i "alle menneskers interesse". Til dette sidste må dog indskydes, at en form for animositet eller mangel på medfølelse, i det mindste i forhold til de *tyske* jøder, ifølge Hardis næppe lader sig tænke væk fra Nordentofts tekster.[56]

Nordentoft mener øjensynlig desuden at se sådanne uretfærdigheder i det danske samfund, der med henblik på deres annullering måtte berettige til nazistisk, tysk assistance. Således skriver han i sin dagbog den 10.2.43: "Nationalsocialismens evangelium: afskaffelse af arbejdsløsheden og et virkeligt folkefællesskab uden russisk mord og brand!"[57] Altså ikke mindst arbejdsløsheden, samfundets atomisering i dets enkelte individer og virksomheder og deres partikulære interesser, forestillingen om en egentlig uvedkommende indblanding af andre 'folks' eller 'folkeslags' interesser i det rent nationale fællesskab samt angsten for (sovjet)russisk barbari synes for Nordentoft at have legitimeret den tyske indblanding og okkupation af Danmark.

Eksplicit taler Nordentoft om, hvad han anså for uretfærdigheder i Danmark, i dagbogen den 24.1.43:

Når uretfærdigheder har ro, ligner de ret og retfærdighed og rolig kultur. Kultur består vel alt i alt i uretfærdigheder, som er bragt til ro til fordel for de herskende – nu sidst i Danmark: Socialdemokraternes koryfæer.[58]

Hvad, der fremgår som opfattelsen her, er, at det danske samfund slet og ret var uretfærdigt indrettet, og at samfundets rolige og retfærdige overflade dengang som altid var en komplet illusion til udelt fordel for en lille og identificerbar magtelite. Det kan dårligt tolkes anderledes end sådan, at samfundet ifølge Nordentoft grundlæggende var gennemsyret af (usynlig) magt, at det udelukkende havde respekt for samme, og at, for at opnå 'retfærdighed' – der ifølge citatets egen logik altid må være en anden (stærkere) gruppes, klikes eller leders form for uretfærdighed – var magtanvendelse nødvendig imod de dengang herskende.

[Ekskurs slut]

Man kunne spørge, hvorfor det at vælge side i grunden ikke blot må anses for at bero på et frit valg for den enkelte person; i et frit land, kunne det således anføres, måtte det vel være op til det enkelte menneske at tage parti for enten den ene eller den anden side, fx for enten den tyske besættelsesmagt eller for den danske sag?

I denne forbindelse må opmærksomheden imidlertid henledes på, at begrebet landsforræder i det danske retsopgørs kontekst er en primært juridisk betegnelse snarere end en moralsk eller livsanskuelsesmæssig.[59] Et blot og bart, tilvalgt medlemskab af det danske nazistparti (*DNSAP*) blev således ikke anset for strafbart i forbindelse med retsopgøret, der ifølge lovens ånd ikke beroede på sindelagskontrol. Strafbare ifølge dansk ret skulle derimod ifølge selvforståelsen bag loven kun de *handlinger* udført af danske borgere være, der aktivt støttede, eller med hvilke man ønskede aktivt at støtte, besættelsesmagtens okkupation af Danmark og denne magts formelt legale eller dens ikke legale overgreb imod dansk selvbestemmelse og imod danske borgere, der kæmpede for denne, eller imod andre, sagesløse danske borgere.

Landsforræder kunne altså øjensynlig den anses for at være, der utvetydigt eller uden rimelig tvivl forretter en fremmed magts ærinde imod sit eget lands integritet, selvstændighed, selvbestemmelsesret og dets fundamentale retsprincipper. Disse sidste kan vel at mærke i princippet aldrig være af vilkårligt valgt karakter, men bør derimod altid ifølge deres væsen være foretrukket på baggrund af det bedste argument og derfor til hver en tid åbne for ny kritik. At erkende og anvende retsbegrebet som norm, medfører også altid den principielle forpligtelse til at stille spørgsmålet: *Er* det, vi anser for ret, nu også det rette; det antagelig rette kunne jo efter undersøgelse og granskning vise sig mindre retmæssigt eller retfærdigt? Anvendelsen af retsbegrebet er iboende selvkritisk.

Landsforræderibegrebet konnoterer dog på den anden side allerede rent sprogligt også noget moralsk; landsforræderen anses således, og ikke mindst i en dansk sammenhæng, for at have svigtet noget dyrebart og betroet i form af de historisk hårdt tilkæmpede rettigheder og den ditto medbestemmelse, landet og medborgerne har givet ham/hende til gengæld for eller som modsvar til dennes grundlæggende (men ikke nødvendigvis ukritiske) loyalitet over for såvel rettigheder som medborgere eller landsmænd. Ja, der ligger ydermere i eller ved begrebet i moralsk henseende en temmelig generel, yderst alvorlig anklage for brud på tillid i henseende til sådan noget som lov og ret, stat, samfund, medborgere, naboer, venner, måske ovenikøbet familie. Vedkommende misdæder er, i det mindste ifølge begrebets konnotationer, med jævne ord ikke til at stole på; han/hun anses for ganske fundamentalt at have svigtet medborgernes rettigheder, sikkerhed og tryghed.[60]

Som det også ovenstående er fremhævet, er det en tese i denne artikel, at et land ikke legitimt kan påberåbe sig en absolut uantastelig, national suverænitet i sager om påstået landsforræderi. Regeres et land uden rettigheder for det enkelte individ, elimineres utvivlsomt tilsvarende dette lands legitime ret til at dømme nogen delinkvent for landsforræderi.

Det enkelte lands ret til at hævde sin egen af eksterne magter uangribelige jurisdiktion gjordes især problematisk af tildragelser i 1930'erne og -40'erne samt af stærke og omfattende reaktioner på disse efter verdenskrigen. Således er omverdenen – og følgelig også tyskerne selv direkte eller indirekte – blevet bebrejdet, at den ikke på et tidligt tidspunkt greb ind i forfølgelsen og udryddelsen af jøder i Tyskland. At tyskere måtte have hjulpet fremmede stater i et sådant indgribende forehavende imod Tyskland, ville kun meget dårligt kunne betragtes som landsforræderi.

I *FN's Menneskerettighedserklæring* fra 1948 afspejles da også dette nye, modificerede og indskrænkende syn på det enkelte lands suverænitet, når det i *Indledningen* hertil bl.a. hedder:

> da medlemsstaterne har forpligtet sig til i samarbejde med *De forenede Nationer* at arbejde for fremme af almindelig respekt for og overholdelse at menneskerettigheder og fundamentale frihedsrettigheder, da en fælles forståelse af disse rettigheder og friheder er af den største betydning for den fulde virkeliggørelse af denne forpligtelse, proklamerer plenarforsamlingen derfor nu denne *Verdenserklæring om Menneskerettighederne* som et fælles mål for alle folk og alle nationer med det formål, at ethvert menneske og ethvert samfundsorgan stedse med denne erklæring for øje skal stræbe efter gennem undervisning og opdragelse at fremme respekt for disse rettigheder og friheder og *gennem fremadskridende nationale og internationale foranstaltninger at sikre, at de anerkendes og overholdes overalt og effektivt*, både blandt befolkningerne i medlemsstaterne og blandt befolkningerne i de områder, der befinder sig under deres styre.[61]

Også igennem "internationale foranstaltninger", der imidlertid ikke specificeres nærmere, bør det altså sikres, siges det her, at (de af *FN* vedtagne) menneske- og frihedsrettigheder overholdes overalt på denne klode.

4. Notits om formål og metode

De følgende afsnit har til hensigt at fremstille og analysere landsforræderibegrebet/-begreberne, sådan som de(t) kommer til udtryk i nogle af modstandsbevægelsens i denne, reflekterende henseende mere centrale blade. Det samme er hensigten i forhold til *Straffelovene* af hhv. 1930 og 1952 og det *Straffelovstillæg*, der blev vedtaget umiddelbart efter besættelsen.

Den videre intention med projektet har været forsøget på en filosofisk, kritisk fremstilling af et begreb om landsforræderi med et udgangspunkt i overvejelserne over hhv. de illegale blades fremstillinger – der immervæk må siges at være ret sparsomme – samt over *Straffelovstillægget* og *Straffelovene*.

B. De illegale modstandsblade

1. *Folk og Frihed*

Den anonyme artikel *Landsforræderi og straf*[62] i *Folk og Frihed* (nr. 15, 22.7.1944) henviser til fire lovparagraffer, der omhandler landsforræderi.

Den første af disse paragraffer er § 98 i den borgerlige straffelov, som omhandler den, "der foretager en handling, der sigter til ved magtanvendelse eller trussel om sådan at bringe den danske stat eller nogen del af denne under fremmed herredømme". Sådanne lovbrydere ville kunne straffes med fængsel fra 4 år indtil på livstid. Forfatteren kommenterer hertil: "Størstedelen af de 'danske' forbrydere, der hjalp tyskerne den 9. april 1940, vil falde ind under denne bestemmelse".

Der henvises desuden refererende til samme lovs § 99, der kan straffe med fængsel indtil 8 år den, "der træder i forbindelse med en fremmed stat for at formå denne til at krænke den danske stats bestemmelsesfrihed". Som eksempel nævnes her navnlig alle de "henvendelser og trusler om henvendelser til de tyske myndigheder, hvis fx Handelsministeriet ikke makkede ret over for en mand, der handlede med tyskerne".

I § 101 i den borgerlige straffelov drejer det sig om danske borgere, "som bærer våben mod den danske stat eller dens forbundsfæller". Straffen herfor lyder på fra 2 til 12 år. "Med samme straf anses den, der under krig eller truende udsigt dertil yder fjenden bistand ved råd eller dåd eller svækker den danske stats eller dens forbundsfællers kampdygtighed". Denne paragraf forudsætter, at Danmark er i krig, hvilket landet ifølge forfatterens fortolkning var fra 29. august 1943. Derfor gælder den kun efter denne dato, hedder det i artiklen, "medlemmer af frikorps for deres deltagelse i krigen på tysk side mod Danmarks faktiske forbundsfæller".

Endelig nævner artiklen den militære straffelov af 7.5.1937, der hjemler "strenge straffe, herunder i krigstid også dødsstraf". Denne lovs § 34 citeres for følgende passus:

> Den, som i krigstid eller under truende udsigt til krig i den hensigt at gavne fjenden eller skade den danske krigsmagt – vejleder fjenden eller vildleder nogen del af den danske krigsmagt – straffes med fængsel ikke under 8 år. I krigstid kan straffen stige til livsstraf (dvs. dødsstraf).[63]

Artiklen kommenterer paragraffen således: "Denne paragraf gælder alle danske statsborgere (altså ikke blot soldater) og giver altså mulighed for at fradømme forræderne livet". Som eksempel på disse "forrædere" nævnes danske nazister, der "både den 9. april om morgenen og ved senere lejligheder har understøttet fjenden, fx som vejvisere".

Denne artikel, som i analytisk henseende angående begrebet landsforræderi er ret enkeltstående i *Folk og Frihed*, behandler ifølge forfatteren blot brudstykker af problemet "landsforræderi", men omtaler derudover ikke yderligere emner under denne problematik, som, forfatteren måtte mene, burde gøres til genstand for undersøgelse.

2. Frit Danmark

I artiklen *Efterkrigstidens problemer 4. De skyldige skal straf-fes*[64], der i henseende til en slags bestemmelse af landsforræderibegrebet eller tilsvarende ligeledes må siges at være temmelig særegen inden for dette blads rammer, bestemmes *retssikkerheden*, der ses som rodfæstet i en *retsfølelse*, som den kerne, imod hvilken de alvorligere, kollaborerende handlinger – fx drab, terror, angiveri, spionage og hetz imod jøderne – rettede sig:

> Alle disse handlinger, udført af danskfødte personer, har rettet sig imod den retssikkerhed, der forud var et af vore store nationale goder, og derfor har de på det groveste krænket vor rodfæstede retsfølelse.

Ordet landsforræder nævnes ikke i artiklen.

3. Kommentar

Nogen egentlig, grundigere diskussion eller fremstilling af begrebet landsforræderi har ikke været at opspore i de illegale blade og tilsvarende skrifter, som i denne forbindelse er blevet undersøgt; det drejer sig om *Folk og Frihed, Kirkens Front*,[65] *Land og Folk*,[66] artikeludvalget i *Det illegale 'Frit Danmark'*, antologien *Den illegale Presse 1940-45*, samt essay- og digtsamlingen *Der brænder en Ild*.

Folk og Frihed, der rigtignok i den her refererede artikel angivelig blot behandler "brudstykker" af problematikken, henviser til gældende lov- og strafbestemmelser, der alle drejer sig om den danske stats suverænitet, integritet, bestemmelsesfrihed og kampdygtighed, mens *Frit Danmark* henviser til de landsskadelige handlingers brud på retssikkerhed og retsfølelse. I begge disse ovenfor refererede tilfælde er der ikke tale om dyberegående undersøgelser af begrebet, hvilket heller ikke er tilfældet i de øvrige, nævnte skrifter.

Dette fravær af en egentlig begrebsbestemmelse i skrifterne, skønt ordet forræder eller landsforræder indimellem nævnes, kunne meget vel i hvert fald delvis skyldes, at forståelsen af begrebet i høj grad for modstandsbevægelsen var 'hjemme', var umiddelbart indlysende og evident. I digtet *Forræderne* af pseudonymet P.S. gives der i de to sidste vers utvivlsomt udtryk for denne tilsyneladende 'evidens':

Men hver, der hjælper de tyske,
har medskyld i danskes død.[67]

Hvad det på denne baggrund derefter måtte dreje sig om i bestemmelsen af landsforræderi, synes således at være *graden af landsforræderi*, mere end det er diskussion om, hvad dette forræderi da væsentligt måtte bestå i; for landsforræderi siges her implicit simpelthen at være hjælp til tyskerne.

Analytisk må der dog her rimeligvis indføres en skelnen imellem den manifeste og den latente forståelse af landsforræderibegrebet. Hvad angår den spændte modstandssituation, kan det som en hovedtendens hævdes, at det *manifeste* fjendebillede i vidt omfang polariseredes, og at landsforræderens kontur var ganske tydelig; landsforræderen var den, der hjalp tyskerne imod Danmark. *Latent* eller førbevidst spillede derimod givetvis ofte tillige en mindre konfrontatorisk og mindre kompromisløs forestilling om landsforræderen ind, hvilket især søges påvist i afsnittene C og især D (se fx også note 9).

Generelt skal det dog her anføres, at behandlingen af begrebet i de blade, der er inddraget i denne undersøgelse, i vid udstrækning synes præget af saglighed, nøgternhed, retskaffenhed samt forsigtighed og en vis usikkerhed i omgangen med begrebet, hvilket dels vil sige relativt få og ufuldstændigt tematiserende artikler om emnet, dels relativt sjældent forekommende brug af ordet, dels næppe, i det mindste ved navns nævnelse, forekommende udpegning af bestemte "landsforrædere", dels afgrænsning af begrebets indhold og omfang til udøvede handlinger og dels understregning af en forsonlig eller human og samtidig retsbevidst holdning til delinkventerne.

C. Straffelovstillægget
1945 til 1946
&
Straffelovene
af 1930 og 1952

1. Analyse

*L*ov nr. 259 af 1. juni 1945 om *Tillæg til Borgerlig Straffelov angående Forræderi og anden landsskadelig Virksomhed*[68] afspejlede, ifølge *Aarhus Universitets* her anvendte hjemmeside om og indeholdende *Tillægget*, "i høj grad … modstandsbevægelsens magtposition på tidspunktet"[69]. Der kan følgelig antages en ikke ringe grad af indholdsmæssig kongruens imellem en generel opfattelse i modstandsbevægelsen af begrebet landsforræderi ved krigens og besættelsens afslutning og så den opfattelse af samme, som lader sig læse frem af straffelovstillægget, uden at der dog på den anden side med føje kan antages en identitet mellem dette juridiske dokument og modstandsbevægelsens position, idet *Tillægget* var et kompromis mellem parlamentarikere og *Frihedsrådet*.

Man bemærker, at disse tillægslove – dvs. den ovenfor nævnte samt otte øvrige, præciserende og supplerende love i forhold til *Lov nr. 259* – ikke nærmere angiver en forskel mellem (lands)forræderi og anden landsskadelig virksomhed og heller ikke i forbindelse med de enkelte paragraffer angiver, hvorvidt der er tale om landsforræderi eller om anden landsskadelig virksomhed. Imidlertid kan det med rimelighed antages, at ugerninger, der anses for at have karakter af landsforræderi, i *Straffelovstillægget* (herefter *Slt*) er at regne for alvorligere end "anden landsskadelig virksomhed" eller, som det præciserende hedder i *Straffeloven* af 1952 (herefter *Sl 52*)[70], er at regne for alvorligere end "andre forbrydelser mod statens selvstændighed og sikkerhed", idet landsforræderi – sådan kan loven fortolkes – som en konsekvens kunne medføre fuldstændig prisgivelse af ens eget land (og dets befolkning) til fjenden, mens det landsskadelige altså nok har skade på visse vitale funktioner i landet til følge, men i princippet ikke dén fuldstændige skade, som landets overtagelse ved en fremmed magt må regnes for at være. Forbrydelser, der kunne medføre livsstraf, er således i *Slt's* forstand at karakterisere som landsforræderi i streng betydning, kan det skønnes, og denne (dog fleksible) afgrænsning vil blive anvendt som en ramme for fortolkningen af *Slt's* landsforræderibegreb.

I *Straffeloven* af 1930 (herefter *Sl 30*), *Kapitel 12* om *Forbrydelser mod Statens Selvstændighed og Sikkerhed*[71] hedder det i § 98:

> Den, som foretager en handling, der sigter til ved magtanvendelse eller trussel om sådan at bringe den danske stat eller nogen del af denne under fremmed herredømme eller at løsrive nogen del af staten, straffes med fængsel fra 4 år indtil på livstid.[72]

Hertil føjer *Slt* § 8, stk. 1, at, såfremt de i ovennævnte § 98 nævnte forbrydelser (in casu for at fremme tyske interesser) er udført under skærpende (ikke nærmere definerede) omstændigheder, kunne livsstraf (dvs. dødsstraf) dog anvendes. Dette gjaldt også ifølge *Slt*, såfremt nogen dansk statsborger eller i Danmark bosiddende person ved samarbejde med en anden stat havde virket for "at krænke den danske stats bestemmelsesfrihed" (*Sl 30,* 99).

I ovenstående drejer forbrydelsen landsforræderi sig om lovbryderens intensive og omfattende hjælp til Tyskland i dette lands bestræbelser på at underlægge sig den danske stats beslutningsmæssige suverænitet og dens territorium. Der er her tilsyneladende udelukkende tale om lovbryderens hjælp til at bringe en fremmed magthaver til magten i hele landet eller i dele deraf, *uanset hvilken styreform lovbryderens eget land (in casu Danmark) måtte have.* Forbrydelsen retter sig følgelig i denne *Slt* § 8 imod de(n) politiske magthaver(e), in casu den danske *Rigsdag* og den danske regering, eller paragraffen har ikke nødvendigvis retsgyldighed derudover. Der er mao. eksplicit tale om anslag imod statsmagtens autonomi som sådan, ikke om anslag imod de individuelle borgeres grundlovssikrede rettigheder. Dog kunne der herimod hævdes, at de danske love, vedtaget efter 1849, altid må ses i sammenhæng med *Grundlovens* bestemmelser, og at forbrydelse imod heri angivne rettigheder derfor ligger implicit, når de nævnte forbrydelser imod staten anføres i *Sl's* og *Slt's* paragraffer; "staten", ville denne indvending sige, betyder således i dansk lov også borgernes individuelle, herunder politiske, rettigheder.

Sabotage, fx ildspåsættelse og sprængning, for at fremme tyske interesser kunne – jf. *Slt* § 8, stk. 2 – ligeledes give dødsstraf, dersom handlingen havde medført, at nogen mistede livet eller var blevet udsat for overhængende livsfare. Samme straf kunne idømmes for drab (stk. 3) samt for særligt grov vold og tortur, eventuelt med døden til følge, når sådanne handlinger "er begået for at fremtvinge forklaringer og tilståelser" (stk. 4). I disse tilfælde er der tale om forbrydelser i tysk interesse med døden eller alvorlig (legems)beskadigelse til følge. Det er bestemmelser i *Slt,* som uden tvivl de facto især retter sig imod forbrydelser begået imod medlemmer af modstandsbevægelsen.

Der kunne også idømmes dødsstraf til den, der "efter den 19. september 1944 (datoen for det danske politikorps' arrestation og deportation til Tyskland; PF) har udøvet politimæssig virksomhed ved tjeneste i *Hipo*-korpset eller anden lignende organisation" (*Slt* § 10). Denne bestemmelse retter sig primært imod danske borgeres deltagelse i den fremmede statsmagts uretmæssige overtagelse og udøvelse af statslig myndighed i Danmark. Foruden denne paragrafs sigte imod denne forbrydelse mod den danske stat har muligheden for lovens hårdeste straf her sikkert desuden det iboende i sig, at disse nazistiske hjælpekorps' virksomhed væsentligt ansås for vilkårlig og ekstremt brutal og hensynsløs. Denne virksomhed rettede sig også i høj grad imod modstandsbevægelsen.

§ 12 i *Slt* hjemlede endelig mulighed for dødsstraf for angiveri, dersom dette havde medført, at nogen "har mistet livet, har lidt alvorlig skade på legeme eller helbred eller er blevet ført ud af landet eller berøvet friheden i længere tid, eller sådan følge har været tilsigtet". Også her kunne denne straf anvendes ikke mindst i forbindelse med forbrydelser imod modstandsfolk.

2. Kommentar

Sammenfattende kan det i kort form siges, at *Slt* i sin eksplicitte form især har brod imod forbrydelser begået imod statsmagten (det vil primært sige *Rigsdag* og regering) og imod modstandsbevægelsen, der i *Slt* kunne synes at være forstået som en slags statens stedfortræder i besættelsessituationen, i særdeleshed efter 29. august 1943. Uden tvivl kan det hævdes, at *Slt* tillige, men i højere grad implicit, sigter imod danskes medvirken til besættelsesmagtens brud på retssikkerhed og frihedsrettigheder, ikke mindst som disse er formuleret i *Grundloven*.

D. Landsforræderi-begrebet II

Forsøg på en konklusion

1. Potentiel stigmatisering

Som hovedtendens forekommer landsforræderibegrebet i de her behandlede skrifter generelt, og det temmelig utvetydigt i de specifikt juridiske dokumenter, at være af en sådan karakter, at man omgås det med betydelig forsigtighed, tilbageholdenhed eller måske ligefrem med en vis skyhed.

Hverken i *Sl 52, Kapitel 12* om *Landsforræderi og andre forbrydelser mod statens selvstændighed og sikkerhed* eller i *Tillæg til Borgerlig Straffelov angående Forræderi og anden landsskadelig Virksomhed* af 1. juni 1945 nævnes ordet landsforræderi i nogen enkelt paragraf, og *i Sl 30 findes ordet ikke overhovedet.* Det betyder, at læseren af lovene ikke blot lades i tvivl, men rent ud lades uvidende om, hvorvidt den specifikke, omtalte forbrydelse er at betragte som landsforræderi, eller den er at opfatte som "anden forbrydelse imod statens selvstændighed og sikkerhed" *(Sl 52)* eller som "anden landsskadelig virksomhed" *(Slt).*

Denne forsigtighed peger i retning af, at en mulig bestemmelse af begrebet landsforræderi ikke med rimelighed ville kunne stanses for håndfast ud med den begrundelse, at en sådan bestemmelse bør tage udstrakt hensyn til, at en karakteristik af en lovovertrædelse som landsforræderi synes at indebære eller have klar affinitet til en de facto *fordømmelse af personen som sådan* som en, der har vendt alt dét gode og alt dét bevaringsværdige ryggen, som misdædernes eget land medbetydet i begrebet landsforræderi menes at stå for og være garanten for. Der synes med andre ord tydeligt at være en approksimativt absolut forkastelse af personen, og ikke blot af dennes faktiske handling(er), forbundet med begrebet landsforræderi; at have forrådt sit land, der i denne sammenhæng konnoterer alt det gode eller i det mindste alt af vital betydning for dette lands borgere, er at have (medvirket til) at overgive og overlade sit land – dvs. alt (godt), som landet nu måtte rumme – til en i bedste fald fuldkommen usikker og i værste fald ond eller slet skæbne og magt. I landsforræderibegrebet ligger det, at handlingen nærmest anses for totalfalsk eller total slet. Denne omtrent totale forbrydelse må selvsagt smitte af på forbryderens person, landsforræderen, 'totalforbryderen': han står næppe til at redde, totalfordærvet som han på det nærmeste anses for at være, eller såfremt han alligevel i et vist (ringe) omfang gør, da kun ved lovgivningsmagtens og domstolenes nåde og barmhjertighed eller tilsvarende.

For mennesker imidlertid at påtage sig en sådan totaldom over et andet menneske indebærer dels deres ufejlbarlighed og dels samfundets lydefrihed. Givetvis ikke mindst derfor eller af lignende, muligvis delvis ubevidste, grunde findes der det mærkbare *moment* af modvilje hos de fleste i denne artikel behandlede parter, hos jurister såvel som modstandsfolk, imod anvendelsen af begrebet. Ikke mindst i et samfund, der som 40'ernes Danmark endnu var stærkt præget af luthersk-evangelisk kristendom og tanken om det syndige menneske og af 'hvem kaster den første sten'-mentalitet, måtte tanken om landsforræderi overhovedet utvivlsomt støde på en udbredt, bevidst eller ubevidst social-psykisk modstand, skønt de ydre begivenheder under besættelsen rigtignok givetvis påvirkede mange danskere, uden tvivl også modstandsfolk, i modsat retning. I *Sl 52* og *Slt* synes denne ambivalens at vise sig ikke mindst derved, at man på den ene side bruger begrebet landsforræderi i lovenes titler, men på den anden side bruges det ikke i selve de konkrete paragraffer, sådan at det ikke står klart, men i høj grad må overlades til interpretation, hvad der i lovens forstand er "landsforræderi", og hvad der er "anden landsskadelig virksomhed".

Den i hvert fald delvise modvilje imod begrebet indikeres også af, at det, i modsætning til tidligere i historien, ikke længere fandtes i *Straffeloven* af 1930, men altså genindførtes under indtryk af tildragelserne under besættelsen.

2. Oversigt over og kommentar til andre konceptioner

I *Folk og Friheds (FF)* i denne sammenhæng centrale artikel *Landsforræderi og straf* (jf. afsnit B) finder man landsforræderi eksplicit afgrænset til de forbrydelser imod staten og dens institutioner og organer, der var defineret i den dengang 'gældende', men af tyskerne suspenderede, danske lov. Lovbrud og straf indskrænkes i artiklen til kun at relateres til den lovbrydendes *handling*, men ikke til vedkommendes hele person.

I artiklen *Efterkrigstidens problemer 4* i *Frit Danmark* (jf. afsnit B), der dog ikke benytter begrebet landsforræder, er det centrale punkt bruddet på *retssikkerheden*, hvilket ikke kommer så klart til udtryk i den ovenfor omtalte *FF*-artikel. Denne retssikkerhed hævdes at bero på en grundfæstet *retsfølelse*, men (i hvert fald ikke udtalt) ikke på retstænkning eller *-refleksion*. Der kan dog ikke herske berettiget tvivl om, at forfatterne anså denne almene, postulerede retsfølelse som værende i overensstemmelse med principperne i den danske *Grundlov*. Samme retsfølelse kan imidlertid – dersom det antages, at følelser ofte kan have mere radikale konsekvenser end eftertanken – også have haft betydning for fx ønsket om dødsstraf for visse landsskadelige forbrydelser under besættelsen.

I *Sl 52* og *Tillægget* til denne (jf. afsnit C) afgrænses de "landsskadelige forbrydelser" i specifikke paragraffer. Derimod udviskes forskellen imellem det, der måtte være landsforræderi, og det, som måtte være anden landsskadelig virksomhed, realiter helt. Dog kunne de forbrydelser, som i overensstemmelse med *Slt* faktisk medførte dødsstraf, forekomme at kunne opfylde betingelserne for at være landsforræderi i selve ordets strenge forstand, idet den fulde konsekvens af begrebet landsforræderi må siges at være forstødelsen fra samfundet.

Forstødelsen på livstid fra al offentlig deltagelse skulle imidlertid ifølge *Slt* også ramme enhver ikke dødsdømt, "der findes skyldig i noget efter denne lov strafbart forhold", idet den dømte ved dommen "kendes uværdig til *almen tillid*" (min kursiv). Denne bestemmelse samt dødsstraffen findes ikke i nogen af versionerne af *Sl*, men udelukkende i *Slt* fra 1945.[73]

3. Landsskadelig, retsundergravende virksomhed

Begrebet landsforræderi er man varsom med at benytte i dansk lovgivning og i øvrigt stort set i de her behandlede skrifter, om end modstandsbladene generelt forekommer en kende mindre forsigtige end lovgivningen. Begrebet findes og fandtes da heller ikke i hverken *Straffelovenes* eller *Straffelovstillæggets* paragraffer. Dette indikerer en vis vægring ved sådan brug, en vægring, der må antages at bero på en begrebets juridisk tvivlsomme anvendelighed. Man kunne også udlægge dette sådan, at begrebet har en forholdsvis problematisk retmæssighed eller genuin retsgyldighed. Ikke desto mindre mener man åbenbart ikke at kunne komme uden om begrebet, idet ordet indgår i lovoverskrifter.

Landsforræderibegrebet har en medbetydning af total, social fordømmelse og forstødelse af den dømte, hvilket en lovgivning, der er baseret på ret og dommen over handlingen, men ikke over personen, øjensynlig har svært ved at tolerere i sig. Slig fordømmelse og forstødelse turde ligge klart nok for dagen i og med dødsstraffen, men det ligger også iboende i dommen "uværdig til almen tillid" over personen og i denne doms konsekvenser i retning af udelukkelse på livstid fra al offentlig deltagelse. (Denne doms betimelighed i den ophedede, spændte og fremtidsuvisse situation umiddelbart efter krigen skal i øvrigt ikke vurderes her).

Det forekommer således i dag forbundet med betydelige vanskeligheder at redde begrebet landsforræderi. I stedet kunne der tyes til den formulering, som også bruges i *Slt*, nemlig *"landsskadelig virksomhed"*. Dette begreb sigter udelukkende imod den handling af særdeles, men dog ikke nødvendigvis totalt, omfattende virkning, som er begået, men sigter ikke imod personen. Der må imidlertid tilføjes noget for at nå frem til en mere adækvat bestemmelse af en afløser for landsforræderibegrebet, idet et land, der styres igennem vilkårlighed, uret og undertrykkelse, meget vanskeligt legitimt kan anklage nogen borger for landsforræderi eller tilsvarende. *"Landsskadelig, retsundergravende* (eller *rettighedsundergravende) virksomhed"* synes derfor at kunne være et muligt alternativ.

Et muligt, nyt begreb for, hvad der kaldes landsforræderi, måtte under alle omstændigheder tage hensyn dels til det, at landet, samfundet, staten aldrig kan tillade sig at kalde sig absolut retfærdig, og at en vis, ikke nødvendigvis intenderet, social uret – og her må tvivlen til hver en tid komme den anklagede til gode – kan være overgået den dømte i dennes liv engang før vedkommendes forbrydelse.[74] Endvidere gælder almindelige retsprincipper selv for den værste forbryder, således ikke mindst retten til liv. Desuden må den dømtes ret til mulighed for fremtidig, personlig udvikling altid gælde.

Dette synes imidlertid klart ikke at ændre noget ved, at forbrydelsen som sådan i sig selv må anses for så ekstremt alvorlig, ikke mindst når den medfører tab af menneskeliv, at den bør forebygges eller bringes til standsning ved de i situationen humant og retmæssigt adækvate midler, og at de(n) skyldige må stå til ansvar for forbrydelsen.

Litteratur

Buschardt, Leo et al., red. (1965): Den illegale Presse 1940-45. En antologi. København.

Danmarks Frihedsråd: Når Danmark atter er frit. https://danmarkshistorien.dk/leksikon-og-kilder/vis/materiale/frihedsraadets-pjece-naar-danmark-atter-er-frit-november-1943/.

Den amerikanske Uafhængighedserklæring af 1776. https://da.wikisource.org/wiki/USA%27s_uafh%C3%A6ngighedserkl%C3%A6ring. Hentet 2.10.2019.

denstoredanske.dk. Artiklen af Peter Garde: landsforræderi i *Den Store Danske*, Gyldendal. http://denstoredanske.dk/index.php?sideId=114324. Hentet 25.10.2019.

Der brænder en ild (1945). København. (Førsteudgaven trykt illegalt i 1944 på *Folk og Friheds* forlag.)

Det illegale Frit Danmark 1942-45 (1946), København.

FN's Menneskerettighedserklæring (1948). https://amnesty.dk/om-amnesty/fns-verdenserklaering-om-menneskerettigheder?gclid=CjwKCAjwldHsBRAoEiwAd0JybeMcQ4LwjsYyVBxyhTYzjUkS_DNsFE66Brjpqwsf7iTspLN2Lon4YRoC7K4QAvD_BwE. Hentet 2.10.2019.

Folk og Frihed (1943-45). https://rex.kb.dk/primo-explore/fulldisplay?docid=KGL01009167232&context=L&vid=N

UI&lang=da_DK&search_scope=KGL&adaptor=Local%2
0Search%20Engine&tab=default_tab&query=any,contains
,folk%20og%20frihed&offset=0. Hentet 14.10.2019.

Hardis, Arne (2005): Forræderens dagbog. En dansk nazist
1941-45. København.

History Watch (hjemmeside).

Kirkens Front (1943-45). https://rex.kb.dk/primo-explore/
fulldisplay?docid=KGL01009167821&context=L&vid=NU
I&lang=da_DK&search_scope=KGL&adaptor=Local%20S
earch%20Engine&tab=default_tab&query=any,contains,k
irkens%20front&offset=0. Hentet 14.10.2019.

Krabbe, Oluf H., udg. (1931): Borgerlig Straffelov af 15.
April 1930. https://jura.ku.dk/jurabog/pdf/juridiske-mono
grafier/Krabbe_Borgelig_straffelov_1931.pdf.

Land og Folk (1941-45). https://rex.kb.dk/primo-explore/
fulldisplay?docid=KGL01009167853&context=L&vid=NU
I&lang=da_DK&search_scope=KGL&adaptor=Local%20S
earch%20Engine&tab=default_tab&query=any,contains,l
and%20og%20folk&offset=0. Hentet 24.10.2019.

Straffeloven (2019). https://danskelove.dk/straffeloven.
Hentet 16.10.2019.

Straffelovstillægget (1945-46). http://danmarkshistorien.
dk/leksikon-og-kilder/vis/materiale/retsopgoerets-love-
straffelovstillaegget-1945-til-1946/#note1end.
Hentet 4.10.2019.

NOTER

[1] Man udgav også en tysksproget udgave, *Volk und Freiheit*.

[2] Hvor andet ikke er angivet i forbindelse med omtale eller citation af artikler fra bladene, er forfatteren således anonym.

[3] Alle numre er offentligt tilgængelige på nettet; jf. litteraturlisten, hhv. *Folk og Frihed* (1943-45), numrene 1-27, og *Folk og Frihed* (1945a), numrene 28-40.

[4] I essayet *Eventyret og virkeligheden* i bogen *Der brænder en Ild*, som er en blandet digt- og essaysamling, udtrykker forfatteren Knud Sønderby (1909-66) en tilnærmelsesvis analog tanke, her dog møntet på hele det danske folk: "Den 9. april ramte det danske samfund som en bombe med langt større virkning end de almindelige. Hver dansker fik de sjælelige vinduer, der havde vendt ud mod verden, blæst ud. Han så pludselig denne verden klarere" (side 91). Videre hedder det: "De åbne vinduer til verden skabte en brat erkendelse af egen provinsialitet, og erkendelse er jo godt, men vinduerne burde være åbnet af en selv i tide" (92), og: "Skridt for skridt, trin for trin arbejdede vi os væk fra idyllens og naivitetens leveform, bort fra mange generationers åndelige indgifte, der har gjort os slappe, trygge og selvtilfredse" (ibid.).

Bogen blev først udgivet illegalt på *Folk og Friheds* forlag i efteråret 1944 og efter krigen i 1945 i den her benyttede 2. udgave på *Gyldendals Forlag*, som har bidragydernes navne med. Ud over Knud Sønderby var også Jacob Paludan, Halfdan Rasmussen, Morten Nielsen, Martin A. Hansen, Ole Sarvig, Harald Herdal, Leck Fischer, H.C. Branner,

Hans Kirk, Kjeld Abell og Tove Ditlevsen blandt disse.

[5] Handlingsbegrebet var i øvrigt en vigtig del af det almene tankegods i 1900-tallets første halvdel; det vandt indpas i filosofien (fx pragmatismen og eksistentialismen) og kunsten (fx futurismen) og på såvel den politiske venstre- som højrefløj.

[6] I denne bog benyttes nutidig ortografi, hvor tekstens mening ikke tilsiger andet. *FF* bruger den dengang og indtil 1948 gældende retskrivning med bl.a. stort begyndelsesbogstav i substantiver.

[7] I efterkrigsnumrene 28-40 er artiklerne dog for manges vedkommende signerede, og i disse skrev foruden Martin A. Hansen bl.a. forfatteren H.C. Branner samt teologerne K.E. Løgstrup, Knud Hansen, N.H. Søe og Hal Koch.

[8] Første gang et nummer af *FF* citeres, henviser tallene i parentes til det pågældende nummer af *FF* samt udgivelsesdato. Derefter nævnes kun nummeret. I visse tilfælde, som her, opgiver bladet kun måned og år for udgivelsen.

[9] Forkærligheden for det jævne menneske og det jævne folk tager idéhistorisk særlig fart med den romantiske bevægelse fra omkring år 1800.

[10] Den franske filosof Jean-Paul Sartre (1905-80) udgav i 1943 sit hovedværk *L'Être et le Néant (Væren og intet)*, hvori han, i modsætning til bl.a. Kaj Munk og Martin A. Hansen plæderer for en valgsituation, i hvilken det rette og det slette ikke er fx religiøst givet, men hvis udfald helt og holdent bestemmes af hvert enkelt menneske for sig.

[11] De italienske futurister talte således om krigen som "verdens eneste hygiejne". Flere af dem deltog ved fronten i 1. Verdenskrig. Jf. Birgit Hessellund og Bent Holm: futurisme i *Den Store Danske*, Gyldendal. Hentet 13. juni 2019 fra http://denstoredanske.dk/index.php?sideId=80913

[12] Martin A. Hansen og andre skribenter i *FF* kan meget vel være påvirket af den såkaldte *vitalisme*, der var en del af tidens ideer i Vesteuropa i første halvdel af århundredet.

Ifølge *Den Store Danske* dyrkede vitalismen "natur og menneske, krop og sundhed, legemsdyrkelse og sport". Den kan "ses som en reaktion mod den eskalerende industrialismes knægtelse af kroppen og dens frie udfoldelsesmuligheder". Filosofisk var *v.* påvirket af den tyske filosof Friedrich Nietzsche (1844-1900) og den franske Henri Bergson (1859-1941). Citaterne er fra Hans Christian Nørregaard: vitalisme - kunst i *Den Store Danske*, Gyldendal. Hentet 2. juni 2019 fra http://denstoredanske.dk/index. php?sideId=275509

[13] Det hedder i digtet endvidere:

> Aldrig et Hjerte i Kiærlighed smelted,
> Førend sig Blodet først brusende velted
> Hvo kiender Freden og har ikke stridt!
> Hvor er den frelste som ikke har lidt!

[14] En mere generel kritik af højskolens, som forfatteren ser den, udvandede "humanistiske" tolerance på den tid bringes i artiklen *Højskolens jubilæum – og fallit* (nr. 22, 22.11.44). Han skriver bl.a.:

> Den idealistiske humanisme bygger i virkeligheden på et ganske andet menneskesyn end Grundtvigs. Han troede ganske vist også på mennesket, men kun i dets bestemthed som Guds skabning og livegne. Humanisterne derimod tror på mennesket som det er af naturen, det er godt og udstyret med ubegrænsede muligheder for det gode. I det første tilfælde *har* mennesket en herre, i det andet *er* det herre, og alt, hvad der bærer menneskeåndens signatur, er derfor helligt. Da nu endvidere mennesket efter humanisternes mening selv kan finde sandheden og der af den grund kan findes lige så mange sandheder, som der er mennesker, kan man ikke på forhånd indrømme nogen patent på sandheden. Resultatet bliver tolerance med hensyn til livsanskuelser: alle kan være lige gode. ... Dermed har højskolen forladt sit klare, kristne grundlag og er blevet neutral.

15 https://www.kristendom.dk/julekalender-2015-jesu-lig-nelser/x-december-lignelsen-om-de-ti-brudepiger. Hentet 26.3.2019.

16 Jf. note 9.

17 Fra den anonyme artikel *Dom* i nr. 8, 20.3.44. I en enkelt artikel, *Deutschland, Deutschland – über alles!* (nr. 11, 1.5.44) tales der dog om en specifik *tysk* mentalitet, der angivelig satte tyske interesser over alle andre landes, i modsætning til dansk mentalitet, der respektfuldt hævdes at tilmåle alle andre lande samme rettigheder som ens eget "til at eksistere".

18 I artiklen *Respekt for mennesket. Til Spørgsmålet om had eller forsoning* i *Kirkens Front* nr. 17 fra april 1945 gør forfatteren sig til talsmand for en klar og utvetydig afvisning af had som det, der skal bestemme forholdet til tyskerne og deres danske hjælpere efter krigen. Derimod skal en forsonlig holdning præge forholdet, men vel at mærke ikke en forsonlig holdning, der vil lade "omtrent, som om intet var hændt". Den form for forsoning og forståelse, forfatteren ønsker, må være båret af en "respekt for mennesket [der] forener strenghed i straffen med Kristi bud om forsonlighed og medmenneskelighed" (*KF* (1943-45), nr. 17, s. 2-3).

19 Eksempelvis *Den amerikanske Uafhængighedserklæring* af 4. juli 1776 giver, skønt den i sin konkrete form er rettet imod det engelske kolonistyre, som en almen menneskeret borgerne beføjelse til at skaffe sig af med et despotisk styre:

> Klogskab påbyder så sandelig, at regeringer, der har bestået i lang tid, ikke ændres af ubetydelige eller forbigående årsager; i overensstemmelse hermed har al erfaring vist, at menneskeheden er mere tilbøjelig til at lide, så længe onderne er til at bære, end til at skaffe sig ret ved at afskaffe de vante former. Men når en lang række misbrug og overgreb, der alle sigter mod det samme mål, røber en plan om at bringe dem

ind under et fuldstændig despotisk styre, er det deres ret og pligt at skaffe sig af med en sådan regering og sørge for nye vogtere af deres fremtidige sikkerhed.

Citeret fra: *wikisource*, artiklen *USA's uafhængighedserklæring*. Hentet 20.6.2019.

[20] *Danmarks Kommunistiske Partis (DKP)* eget modstandsblad, *Land og Folk*, nedtoner Sovjetkommunismens sædvanlige, ideologiske fundament, nemlig klassekampen, til fordel for 'folkets' (det ville for DKP primært, men ikke udelukkende, sige arbejdernes) nationale kamp imod nazismen. Desuden taler bladet og partiet for en omfattende, politisk, social, økonomisk og kulturel, form for demokrati. Hvordan de danske kommunister under krigen mere konkret havde tænkt sig dette begreb omsat i praksis i Danmark efter krigen, har jeg ikke fundet ekspliciteret. En uenighed dengang mellem fortalere for et mere politisk liberalt og socialt, parlamentarisk demokrati på den ene side og fortalere for den 'østtyske' fortolkning af demokrati som proletariatets diktatur på den anden kan næppe udelukkes. At de sidste fandtes turde være et historisk faktum. Og som et indicium på det første skal her citeres Mogens Fogs artikel *Hvor står vi nu?*: "Det er frihedsbevægelsens opgave … at forberede den første efterkrigstid, så vort folk hurtigt og uden indre blodige opgør kan blive *genindsat* i sine demokratiske rettigheder" (Buschardt et al., red. (1965), s. 401. Min kursiv). Artiklen blev oprindelig trykt i *De frie Danske*, 3. årg., nr. 7, april 1944, s. 7. Fog og flere andre forlod DKP efter krigen, ikke mindst foranlediget af den sovjetiske invasion af Ungarn i 1956.

[21] "Mikkel Vibe" er muligvis pseudonym for Martin A. Hansen, hvilket jeg dog ikke har kunnet finde endeligt verificeret.

[22] "Mikkel Vibe" synes imidlertid at overse, at til sovjetmarxismens ideologiske gods hørte det også, at enkeltindividerne var underordnet 'den historiske nødvendig-

hed', administreret af kommunistpartiets leder(e), på den tid altså Stalin.

23 Diskussionen om demokratiets rette form førtes videre efter krigen af bl.a. teologen Hal Koch (1904-63) i bogen *Hvad er demokrati?* fra 1945 og juristen og retsfilosoffen Alf Ross (1899-1979) i *Hvorfor demokrati?* (1946).

24 *Frit Danmark* (1946), Forord, s. 11.

25 Jf. nr. 1, 1. årg., april 1942, in: *FD* (1946), s. 18.

26 *Frit Danmark* (1946).

27 *FD* (1946), s. 11.

28 Nr. 3, 1. årg., juni 1942, in: *FD* (1946), s. 42.

29 Nr. 10, 1. årg., februar 1943, ibid. s. 139.

30 Nr. 1, ibid. s. 19.

31 Nr. 9, 2. årg., december 1943, ibid. s. 277.

32 Nr. 1, 1. årg., ibid. s. 19.

33 Ibid. s. 25.

34 Nr. 2, årg. 1, maj 1942, ibid. 32-33.

35 Nr. 12, årg. 2, marts 1944, ibid. 313.

36 Ibid.

37 Ibid.

38 Ibid. s. 315.

39 In: *Kirkens Front* (1943-45), pjecen *Hvad er 'Kirkens Front'?* (1944).

40 Op.cit., nr. 10, medio april -44, s. 2.

41 Ibid.

42 Fra Martin Luthers tale 1521 på *Rigsdagen* i Worms.

43 Den medfødte samvittighed stammer muligvis for nogle skribenter fra tiden for kristendommens historiske opkomst og den radikale forandring af sjælens beskaffenhed, der for den kristne vel fulgte med denne. Jeg har dog ikke fundet dette tema udførligt behandlet i nogen artikel.

44 K.E. Løgstrup er den mest kendte og indflydelsesrige danske skabelsesteolog. Løgstrup havde forbindelse til *FF*, jf. note 5.

[45] Standpunktet tillægges ofte den italienske politiske teoretiker Niccolò Machiavelli (1469-1527) som ophavsmand eller mest fremtrædende eksponent.

[46] I et brev til Hal Koch af 17.12.1941 skriver Løgstrup: "Du har ret i, at det absolutte er kun handling". In: Nissen (1994), s. 83.

[47] Mutatis mutandis følger min definition af dette ord Gyldendals *Den Store Danske* (netversion): "Fremstilling; nøjere udredning af begreberne i et skrift; fremstilling af den situation, hvor handlingen i et skuespil tager sin begyndelse".

[48] Et retshistorisk hovedværk om retsopgøret er Ditlev Tamm: *Retsopgøret efter besættelsen*, Kbh. 1984.

[49] Illustrerende for denne mere forstående, filosofiske, men altså også æstetiske, dog primært kritiske begribelse af landsforræderen kan nævnes Morten Nielsens digt *Skæbne*, der er trykt i *Der brænder en ild* (1945), s. 118:

Hurtige lyse stemmer der hvirvlede ud i det blå ...
du var ulykkelig, Tykke, men det ku' vi ikke forstå.
Svedig fed og dum ... Helvede satte på spring
og væltede dig og cyklen. Vi stod omkring og lo.

Du sad på den forreste bænk ... græd ikke, nej glo, glo, glo!
når en bange og vittig vikar spørger om to og to.
Vikarer i første mellem frelste en tynd disciplin
ved at vende det hele mod dig, der forsvarsløs blev til grin.

Og da det omsider blev forår for os, der var femten år,
og træerne stod og lyste over pigernes bløde hår
og du kom, forsigtigt, alvorligt, - da skete det værste af alt:
at den, der lo højest af os, var hende det hele gjaldt.

Nu ta'r du hævn! Nu går du med skrårem og støvler på,
du løfter en arm og det skinner i øjnenes blege blå.
For had hån og trusler, det kan et menneske ta' -
men ikke det, nej aldrig: Det og grines a' ...

Nu er du noget, Tykke! Mand og partikammerat.

Og hvis vi en dag skal til muren, så er din hånd parat.
Parat til at smadre et knojern ind i min mund, når du slår,
for nu vil du dræbe, Tykke, alle de onde år".

Her citeret efter *History Watch*, hentet 22.10.2019: http://
www.1sted.dk/2verdenskrig/dokumentar/sk%C3%A6bn
e.aspx.

[50] Jf. FN's *Verdenserklæring om Menneskerettighederne* (1948):
"Artikel 23.1 Enhver har ret til arbejde, til frit valg af be-
skæftigelse, til retfærdige og gunstige arbejdsvilkår og til
beskyttelse mod arbejdsløshed". Hentet 2.10.2019: https://
amnesty.dk/om-amnesty/fns-verdenserklaering-om-
menneskerettigheder?gclid=CjwKCAjwldHsBRAoEiwAd
0JybeMcQ4LwjsYyVBxyhTYzjUkS_DNsFE66Brjpqwsf7iT
spLN2Lon4YRoC7K4QAvD_BwE.

[51] Kilden til denne ekskurs er Arne Hardis' bog om Nor-
dentofts dagbog, *Forræderens dagbog. En dansk nazist 1941-
45* (2005).

[52] I: Arne Hardis (2005), s. 23.

[53] Op.cit., s. 204. Hardis henviser i parentesen utvivlsomt
til Nordentofts bog *Moral.*

[54] Dette skal ikke forstås sådan, at der i nazismen ikke så
at sige allerdybest nede lader sig afdække et ønske om et
tryggere liv. Dette ønske må imidlertid på det manifeste,
ideologiske og politiske plan generelt altovervejende an-
ses for så overlejret af foragt for nogle grupper af andre
mennesker, at det dårligt giver mening at tillægge den
universel bestræbelse hen imod et bedre liv for alle men-
nesker.

[55] Op.cit., s.33.

[56] Op.cit., s. 91-92. Hardis citerer bl.a. Nordentoft for føl-
gende fra dennes bog *Moral*:

> Vi bør kunne forstå, at i et stort, plaget land, hvor jødepro-
> centen er langt større end hos os, og hvor jødernes hyppighed
> tillige gør sig gældende i levekonkurrencen, fordi de tillige er
> så ubehageligt dygtige, og navnlig dygtige på en anden

måde, en anden bov (betyder sandsynligvis 'en anden (er-hvervs)gren'; PF), end germanerne, der kan det sociale liv føre til en moralsk jødefordømmelse, som kun er moralsk in-den for grænserne, og det kun så længe flertallet dér finder den moralsk; og det gør det vel, så længe det trænger hårdt til det? (Op.cit., s. 91.)

Også her er opfattelsen udtrykt relativt lidenskabsløst som en sandsynlig nødvendighed.

[57] Op.cit., s. 118.

[58] Op.cit., s. 116.

[59] I *Retsopgørets* straffelovstillæg 1945-46 angår fire af lo-vene således udtrykkeligt "forræderi og anden landsska-delig virksomhed". Jf. http://danmarkshistorien.dk/leksi-kon-og-kilder/vis/materiale/retsopgoerets-love-straffe-lovstillaegget-1945-til-1946/#note1end. Hentet 4.10.2019.

[60] Denne moralske vurdering af "landsforræderen" afspej-les også i *Straffelovstillæggets* (1945 46) § 6 i hvilken det hedder: "Den, der findes skyldig i noget efter denne lov straf-bart forhold, kendes ved dommen uværdig til *almen tillid*" (min kursiv; PF). Her er der altså ikke først og fremmest tale om reference til delinkventens faktisk udførte lovbrud, men derimod langt snarere til almenhedens tilregnede, moral-ske dom over personen; han/hun kendes nu og i al fremtid ikke værdig at stole på. Fortabelsen af almen tillid med-førte bl.a. tab af stemmeret og valgbarhed, af ret til offent-lig tjeneste og hverv, af ret til at udøve undervisningsvirk-somhed af nogen art, af ret til deltagelse i ledelsen af of-fentlige kulturelle virksomheder, af ret til at virke som di-rektør og af ret til visse offentlige, økonomiske ydelser. Fradømmelsen gjaldt grundlæggende for bestandig, jf. ibid.: "Fradømmelsen sker for bestandig, under særlig for-mildende omstændigheder dog for et ved dommen be-stemt tidsrum, ikke under 5 år."

[61] FN (1948). Min fremhævelse. – Allerede den amerikan-ske *Uafhængighedserklæring af 1776*, lægger imidlertid indi-

rekte op til, som i den følgende passus, at lovbestemmelser om landsforræderi ikke kan være gyldige i et despoti – således fandt de amerikanske oprørere da også støtte hos Frankrig:

> Klogskab påbyder så sandelig, at regeringer, der har bestået i lang tid, ikke ændres af ubetydelige eller forbigående årsager; i overensstemmelse hermed har al erfaring vist, at menneskeheden er mere tilbøjelig til at lide, så længe onderne er til at bære, end til at skaffe sig ret ved at afskaffe de vante former. Men når en lang række misbrug og overgreb, der alle sigter mod det samme mål, røber en plan om at bringe dem ind under et fuldstændig despotisk styre, er det deres ret og pligt at skaffe sig af med en sådan regering og sørge for nye vogtere af deres fremtidige sikkerhed.

Hentet 2.10.2019: https://da.wikisource.org/wiki/USA %27s_uafh%C3%A6ngighedserkl%C3%A6ring.

[62] Nærværende essay følger nugældende ortografi, således med anvendelse af lille begyndelsesbogstav (minuskel) i substantiver, bortset fra i bogtitler og navne på tidsskrifter, eller hvor andre hensyn måtte tale imod det.

[63] Den tilsvarende paragraf i den nugældende militære straffelov fra 2005 er § 24. Denne opererer som det højeste med livstidsstraf og altså ikke med dødsstraf.

[64] I: *Det illegale Frit Danmark 1942-45* (1946), s. 392. Oprindelig trykt i nr. 5., august 1944.

[65] *Kirkens Front* er i en næstekærlighedens ånd ikke stemt for nogen uforsonlig linje i forhold til 'landsforræderne':

> Vi må modarbejde det hæmningsløse had, som breder sig i vort folk. Elsk jeres fjender er et klart ord. Det kalder både vore 'beskyttere' ved deres rette navn og siger klart, hvad der skal være vort sind over for dem. Lad os ikke gøre Kristus til latter ved at suspendere dette ord, når for første gang i flere generationer vort folk er i en situation, hvor det har brug for det.
>
> Der er for øjeblikkets og for fremtidens skyld intet, der er nødvendigere end det, som vi i kirken er sat til at gøre,

nemlig at tale sandhed og at gøre vel og at tilgive.

(*Kirkens Front* 1943-45, nr. 2, 24.9.1943, i artiklen *Hævn og straf*). Man vil dog ikke modsætte sig ønsket om, at "virkeligt skyldige til sin tid får deres straf".

66 Det kommunistiske *Land og Folk* bruger ordet landsforræder i nogle få tilfælde og må siges at gøre sig til talsorgan for en relativt hård linje i et forestående opgør med disse. Således hedder det i artiklen *Nationalisering af landsforræderes ejendom* i nr. 55 fra 27.11.1944 om godsejere (og andre virksomhedsejere), der samarbejdede og havde samarbejdet med den tyske nazistiske regering før og under besættelsen:

> De vil naturligvis blive dømt for landsforræderi, men dette er ikke tilstrækkeligt. Der må også drages omsorg for, at deres godser og formuer ikke fremtidig kan anvendes til folkefjendtlig virksomhed. Derfor må de pågældendes formuer konfiskeres og deres godser nationaliseres og stilles til rådighed for landarbejdere og husmænd. De af dem, der overlever krigen og afstraffelsen, og som har aflagt ed til Hitler, skal udvises af landet. (*Land og Folk* 1941-45.)

I samme nummer af bladet hedder det i artiklen "Tyve og røvere må betragtes som landsforrædere", der i det følgende omhandler ubemidlede og svage sjæle, som efter det danske politis afsættelse "kunne tænkes at ville sikre sig nogle kontanter til at imødegå den vanskelige tid, der kommer":

> Det vil imidlertid være en grov fejlregning, dersom de tror, at de kan regne med almindelig behandling i tilfælde af opdagelse. ... de må gøre regning på en ualmindelig streng behandling, thi med deres handlinger er de med til at fremme nazisternes ønske om at hidføre kaos i landet. De optræder altså i realiteten som Hitlernazisternes håndlangere.

Bladet tematiserer ikke landsforræderibegrebets relation til kommunistisk ideologi eller til Sovjetunionen.

[67] I: *Der brænder en ild* (1946), s. 96.

[68] Det hedder i *Straffelovstillæggets Lov nr. 259 af 1. juni 1945*, *Kapitel I, § 1* om tidsrummet for de handlinger, loven fandt anvendelse på: "Denne lovs bestemmelser kommer til anvendelse på handlinger, der er foretaget i tiden fra og med den 9. april 1940 indtil 1 år efter lovens ikrafttræden." Det hedder dog i kildeintroduktionen til *Slt*: "Det blev vedtaget, at skæringsdatoen var den 9. april 1940, men at handlinger, der var foretaget efter regeringens anvisning inden den 29. august 1943, ikke skulle straffes."

[69] Jf. *Kildeintroduktion* til *Straffelovstillægget* (1945-46).

[70] *Sl* er ifølge *Den Store Danske* "omarbejdet og udvidet i 1952 under indtryk af besættelsen 1940-45". Jf. denstoredanske.dk, artiklen *Landsforræderi* af Peter Garde.

[71] Tidligere anvendte begreber som højforræderi og landsforræderi var gledet ud af loven fra 1930.

[72] Krabbe (1931).

[73] *Frihedsrådet* var i sin pjece 'Når Danmark atter er frit' fra november 1943 heller ikke indstillet på en genindførelse af dødsstraffen; det hedder således deri:

> Men det maa paa Forhaand fastslaas, at der ved Idømmelse af Straf *ikke kan blive Tale om at gaa uden for de Strafarter, som gældende Straffelov hjemler, med Fængsel paa Livstid som den højeste Straf.*

[74] Når det gælder den dybtgående og gennemgribende undersøgelse af årsager og grunde til at begå landsforræderi/landsskadelig virksomhed, er det filosofiske og idéhistoriske perspektiv ikke tilstrækkeligt, men måtte ideelt set suppleres af empiriske undersøgelser af psykologisk, sociologisk og historisk karakter.